나는 회사 다니면서 창업하기로 했다

나는 회사 다니면서
창업하기로 했다

아침저녁 30분으로 준비하는
샐러리맨 창업 프로젝트

아라이 하지메 지음 · 김윤경 옮김

와이즈맵

나는 회사 다니면서 창업하기로 했다

초판 1쇄 인쇄 2019년 6월 1일
초판 1쇄 발행 2019년 6월 5일

지은이 | 아라이 하지메
옮긴이 | 김윤경

발행인 | 유영준
편집 | 오향림
디자인 | 김윤남
발행처 | 와이즈맵
출판신고 | 제2017-000130호(2017년 1월 11일)

주소 | 서울 강남구 봉은사로16길 14, 나우빌딩 4층 쉐어원오피스 401호(우편번호 06124)
전화 | (02)554-2948
팩스 | (02)554-2949
홈페이지 | www.wisemap.co.kr

ISBN 979-11-89328-14-6 (03190)

이 도서의 국립중앙도서관 출판예정도서목록(CIP)은 서지정보유통지원시스템 홈페이지
(seoji.nl.go.kr)와 국가자료 공동목록시스템(www.nl.go.kr/kolisnet)에서 이용하실 수 있습니다.
(CIP제어번호 : CIP2019018277)

지금 당장 시작하지 않으면 늦다!

'미래가 너무 불안해.'
'수입을 조금이라도 더 늘리고 싶어!'
'회사나 배우자한테 의지하지 않고 자립해서 살 수 있었으면…….'

직장을 다니는 사람이라면 누구나 이런 고민을 안고 있을 것이다. 그렇다 보니 최근 직장인들 사이에서는 장소에 구애 받지 않고, 본인이 좋아하는 일을 하면서 돈을 버는 '창업가'의 삶이 주목받고 있다.

일반적으로 창업을 고민하는 배경에는 매일 회사 생활을 하며 겪는 스트레스는 물론 스스로 느끼는 조바심과 문제의식이 밑바탕에 깔려 있기 마련이다.

'언제까지 지금처럼 월급 받으며 살 수 있을까?'
'나는 이대로 살아도 괜찮을까?'
'정말 아무것도 하지 않아도 괜찮은 거야?'

또한 최근에는 뭔가 특별히 하고 싶은 일이 있어서라기보다 '나 자신을 바꾸고 싶다'는 마음에서 창업에 발을 들이는 사람이 늘고 있는 추세다.

'나는 뭘 하고 싶은 걸까?'
'나는 어떤 미래를 바라고 있는 거지?'
'나는 뭘 할 수 있을까?'

새삼 생각해봐도 별로 뾰족한 수가 보이지 않아 고민하는 사람들이 많다.

"20년 후에도 지금 다니는 이 회사에서 똑같은 일을 하고 있을 내 모습이 상상이 안 돼요."
"미래의 나 자신이 어떨지 조금도 기대되거나 설레지 않아요."

하지만 정작 창업을 하고 싶다고 생각하는 사람들도 현실에서 느껴지는 높은 진입 장벽 앞에서는 주저하게 된다.

"가족도 있고, 나이 생각도 하다 보니 쉽게 회사를 그만둘 수 없죠."

"사업을 해보고 싶지만 마땅한 아이디어도 없고……. 아무래도 나한테는 불가능한 일 같아요."

"막연히 하고 싶은 일은 있지만 뭐부터 시작하면 좋을지 모르겠어요."

사실 창업하고 싶다는 맘으로 관련 행사나 내가 진행하는 세미나에 참석하는 사람들의 대부분은 유사한 의문과 망설임을 안고 있다.

창업 세미나에 참석하는 사람들은 대개 20대 후반에서 40대 남녀가 주를 이룬다. 회사에서 한창 활약하고 있을 나이대의 사람들이 어딘가 석연치 않은 듯한 표정으로 뭔가 나다운 일을 하고 싶다는 바람을 품은 채 찾아오는 것이다.

처음에는 다들 긴장한 표정이 역력하지만 2시간이 지난 후에는 환하게 웃는 얼굴로 이렇게 말하며 돌아간다.

"나도 할 수 있을 것 같아! 꼭 도전해보고 싶어!"

어떻게 참가자들은 그 짧은 시간 동안 젊은 시절 지녔던 순수한 미소와 열정을 되찾을 수 있었을까?

답은 하나다. 그들이 창업 세미나에 참석하는 '행동'을 했기 때문이다.

"나를 바꾸고 싶다", "창업을 하고 싶다" 말하면서도 행동이 수반되지 않는 한은 그저 말로만 떠드는 사람이 될 뿐이다. 그 사람들은 결국 얼마 가지 못해 '나한테는 너무 어려운 일 같아. 창업에 대해 정확히 알지도 못하고 어차피 잘 될 리도 없으니까……'라는 식으로 자신이 행동에 옮기지 않는 그럴싸한 이유를 어떻게든 찾아낸다. 그렇게 되면 무언가에 도전하고자 했던 바람은 결국 그대로 사라지고 다시 자신 없는 일상으로 돌아가고 만다.

그런데 한번 냉정하게 생각해볼 필요가 있다. 어렵다고 생각되면 어째서 다른 방식을, 더 간단한 방법을 찾아보려 애쓰지 않았을까? 어째서 창업과 관련된 올바른 정보를 습득하려 애쓰지 않은 걸까? 이에 대한 답은 어쩌면 그들이 '창업이란 곧 회사를 그만두고 독립하는 일' 이라고 믿고 있기 때문인지도 모른다.

그렇다면 이런 방식의 창업은 어떨까?

'직장을 계속 다니면서 아침저녁 30분을 할애해 부업으로 먼저 나만의 사업을 시작하고, 몇 년 후에 이뤄질 창업을 내다보며 준비하고 연습한다.'

이 정도라면 사회 경험을 해본 사람은 누구나 도전해볼 만한 수준이 아닐까?

창업을 한다고 회사를 그만둬야 할 이유는 어디에도 없다! 오히려 직장인의 신분을 유지한 채 일을 시작하면 심리적으로 안심도 되고 시행착오를 겪어도 부담이 덜하다.

아침저녁 30분이면 결국 하루에 1시간이다. 하루 중 1시간이라면 현재의 생활 패턴을 조금만 수정하면 얼마든지 마련할 수 있는 시간이다. 게다가 창업을 시작한다고 현재의 생활 방식을 크게 바꿀 필요는 없다. 오히려 아침저녁 30분이 딱 적당하다.

의욕을 앞세워 매일 3시간씩 하겠다고 다짐해봤자 지속하지 못한다면 결국 아무런 의미가 없다. 그러니 아침에 커피라도 한잔 하면서 또는 출근하는 지하철 안에서라도 조금씩 시간을 내보도록 하자.

우선은 '꿈을 위해 할애하는 시간을 만드는 일'부터 시작해야 한다.

그런데 막상 직장을 다니면서 우선 부업으로 사업을 시작하겠다고 결정을 해도 도대체 어떤 상품이나 서비스를 내세워 사업을 시작하면 좋을지 모르겠다는 사람도 많다. 하지만 이렇게 아이디어가 전혀 떠오르지 않아 고민인 사람도 있는 반면 이것저것 창업 거리가 너무 많아 정리가 되지 않는 사람도 있을 수 있다. 하지만 어느 쪽이든 사업을 하고자 한다면 상품이나 서비스 내용을 확정하고 판매해야 사업이 진행된다.

이 책《나는 회사 다니면서 창업하기로 했다》에서는 창업을 바라는 사람들이 실패하는 일 없이 착실하게 한 발 한 발 앞으로 나아가는 데 도움이 되어 줄 노하우를 정리해 담고자 했다.

책의 구성은 다음과 같다.

1장 〈창업의 꿈을 방해하는 드림 킬러〉에서는 성공을 방해하는 '드림 킬러'의 존재에 대해 설명한다. 드림 킬러는 주변에 실재하는 '인물'일 수도 있고 본인의 사고방식이나 행동인 경우도 있다. 1장에서는 이런 드림 킬러를 피해 사업을 시작하는 방법에 대해 중점적으로 소개한다.

2장 〈창업할 때 반드시 주의할 것들〉에서는 많은 이들이 궁금해 하는 창업 과정에서 실패를 유도하는 사고방식과 잘못된 사업 방법에 대해 설명한다. 실제로 수많은 사람이 빠져들기 쉬운 잘못된 사업 패턴을 소개하며 그렇게 되지 않기 위해 알아두어야 할 내용을 전한다.

3장 〈창업 성공 확률을 높이는 비밀〉에서는 행동을 촉진하고 사업 성공률을 높이는 방법에 대해 이야기한다. 행동하기 위해 심리적 장벽을 낮추고 행동을 습관화하는 방법이나 성과를 키우는 올바른 순서와 방법을 설명한다.

4장 〈부업으로 가볍게 시작하는 안전 스타트업〉에서는 직장을 다니면서 부업으로 시작하는 사업이란 구체적으로 어떻게 구성하면 되는지 그 방법을 소개한다. 아이디어를 내고 상품을 설계하는 방법부터 안정적인 매출을 올리기 위한 장치와 사업을 널리 알리는 정보 게시에 대해 알아본다.

5장 〈창업에서 독립으로〉에서는 어느 정도 원활히 돌아가기 시작한 사업을 더욱 큰 궤도에 진입시키려면 어떻게 해야 하는지 그 방법을 소개한다. 5장까지 잘 따라왔다면 이제는 독립이 눈앞에 보이는 시점이다. 안심하고 회사를 그만둘 수 있도록 마지막으로 확인해야 할 항목들에 대해 언급한다.

그럼 이제 직장인의 신분으로 창업을 향해 한 발 힘차게 내딛어 보도록 하자!

아라이 하지메

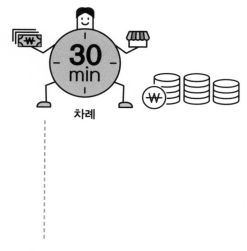

4장
부업으로 가볍게 시작하는 안전 스타트업

1장

창업의 꿈을 방해하는 '드림 킬러'

다른 사람이 안전하다고 생각하는 그 이상으로 위험에 도전하라.
다른 사람들이 현실적이라고 생각하는 것 이상으로 꿈을 꿔라.

——

하워드 슐츠(Howard Schultz · 스타벅스 CEO)

많은 사람이
창업을 포기하는 이유

당신은 왜 창업을 꿈꾸는가?

갑작스럽지만 본격적인 이야기를 시작하기 전에 앞서 질문을 해보
고 싶다.

사람들은 왜 창업을 하고 싶어 할까?
창업을 통해 어떻게든 실현하고 싶은 꿈이 있기 때문에?
아니면 현재의 상황에 불만을 품고 있어서?

창업을 목표로 하는 사람에게 이런 질문을 던지면 대부분 다음과

같은 대답이 돌아온다.

"특별히 불만이 있는 건 아니지만 늘 뭔가 부족한 느낌이에요."
"지금 다니는 회사가 싫은 건 아니지만 혹시 창업이 잘 되면 바로 그만두고 싶어요."
"확실히 앞날이 불안한 건 맞지만 그렇다고 지금 바로 회사를 그만둘 용기는 없네요."

창업을 꿈꾸는 이들의 대다수는 정규직, 비정규직 할 것 없이 직장인으로서 아주 성실하게 살아온 사람들이다. 대개 매월 정해진 수입으로 안정된 생활을 하고 있으며 주변 사람들에 비해 월급이 그리 적은 편도 아니다.

그리고 현재 규모 있는 회사에 다니고 있다면 규칙적으로 보너스도 받을 것이고 다니는 회사가 갑자기 망할지도 모른다는 걱정으로 불안해할 필요도 없다. 또 사랑하는 아내, 아이와 함께 평온한 삶을 살아가는 사람도 있을 것이다. 아마 이 책을 읽고 있는 당신도 크게 다르지 않을 것이다.

하지만 누구나 지금까지 살아온 이런 안정된 삶에 갑자기 의문이 느껴지는 순간이 찾아온다.

'내 인생은 이대로 괜찮은 걸까······?'

한가해 보이는 회사 상사나 밤 늦게까지 야근하는 선배, 항상 짜증을 달고 사는 동료를 보며 결코 그들과 똑같이 살고 싶지 않다는 생각이 든다.

스스로에게 미안한 마음도 들고, 언제부터 이런 감정이 생긴 건지 쓸쓸하고 허무하게 느껴지기도 한다.

안정적이긴 하지만 즐겁지 않은 일을 매일 똑같이 반복해야 하는 현실. 작은 불만이 쌓여가는 하루하루를 정말 이대로 보내도 괜찮은 걸까?

'나를 바꿔놓고 싶어.'
'현재의 상태에 변화를 주고 싶어.'
'뭐든지 새롭게 시도해보고 싶어.'

이 책을 손에 든 여러분 역시 마음속에 분명 무언가 짚이는 바가 있으리라 생각한다.

당신을 제자리걸음하게 만드는 것의 정체

현재의 상황을 타개하기 위해 필요한 것이 무엇일까 고민하다 보면 누구나 자연스레 '이직'부터 떠올리게 된다. 이직을 염두에 두고 취업 사이트나 카페 등을 자주 드나드는 사람도 분명 적지 않을 것이다.

그런데 정말 이직만 하면 내가 진정으로 원하는 일을 할 수 있게 될까? 미래에 대한 불안으로부터 벗어날 수 있을까? 결코 그렇지만은 않다. 차라리 운에 달렸다고 믿는 편이 보다 현실적일 수도 있다.

심지어 당신이 40대 이상이라면 하고 싶은 일을 찾기는커녕 이직의 기회조차 한정되어 있는 것이 현실이다.

한편 '하고 싶은 일'에 대한 기대보다 경제적 수입을 늘리려는 목적으로 '부업'이라도 한번 해볼까 고민하는 사람도 있을 수 있다. 주식투자나 부동산 경매, FX마진거래* 등에 도전해보겠다고 책을 사서 공부하기도 하고 실제로 거래를 해본 사람도 꽤 많을 것이다.

하지만 그 결과는 어떨까?

주식을 살 때까지는 좋았는데 어느 순간 주가가 폭락하는 바람에 이러지도 저러지도 못한 채 다시 오르기만을 바라고 있는 상태일지도 모른다. 빠르게 돌아가는 국제 정세나 정책 발표에 한껏 휘둘리다가 손해만 진탕 보는 경우도 허다하다. 하루 종일 딴생각만 하다 직장에서의 업무에 차질을 빚어 곤란을 겪고 있을 수도 있다.

• **FX마진거래:** 외환(외국 통화)을 개인이 직접 거래하는 것으로, 금융회사에 맡긴 마진(증거금)의 최고 50배까지 인터넷(HTS)을 통해 사고 팔 수 있는 장외 소매외환거래를 뜻함.

이처럼 변화와 새로운 도전을 바라는 마음은 굴뚝같지만 좀처럼 그 방법을 찾지 못해 고민하는 사람들이 대부분이다. 속으로 이런 답답함을 품은 채 오랜 시간 방황하다가 나에게 상담을 청하러 오는 사람들이 상당히 많다.

다만 한 가지 의아한 점은 변화를 향한 뜻이 이처럼 분명하고 깨어있는 사람들인데도 본업 이외의 일로는 한 달에 단돈 만 원도 벌지 못하는 경우가 대부분이라는 사실이다. 아니, 만 원은 고사하고 혼자 힘으로는 10원의 수입도 올리지 못한다. 창업은커녕 창업을 위한 첫발조차 내딛을 수 없는 현실인 것이다. 어떻게 해서 이런 상황까지 오게 된 걸까?

지금껏 나는 창업을 희망하는 직장인들을 1만 명 이상 만나왔다. 그러면서 '창업을 위한 첫발조차 내딛지 못하는 사람' 혹은 '강의를 듣거나 상담을 받는 등 창업을 향해 어렵게 한발 내밀었지만 며칠 후면 다시 원점으로 돌아가는 사람들'에게 보이는 공통적인 특징을 발견할 수 있었다.

바로 그들 주변에 꿈의 실현을 방해하면서 현재 상태를 변함없이 유지하도록 만드는 존재가 넘쳐난다는 점이다.

인간은 꽤 연약한 존재다보니 생존을 위해서는 안정되고, 안전하며, 안심할 수 있는 상태가 필요하다. 그 때문인지 변화에 본능적인 공포를 느끼고 결국 꺼리는 마음이 들게 된다.

하지만 이런 본능에 반해 현실적으로는 미래를 위한 새로운 준비가 필요하며, 마음속에는 변화를 바라는 또 다른 내가 존재한다. 즉, 우리의 마음은 변화를 바라는 자아와 변하고 싶지 않은 자아가 서로 팽팽히 맞서고 있는 상태라 할 수 있다.

결국 이런 두 자아의 충돌이 우리가 느끼는 답답함의 진짜 정체라 하겠다.

꿈을 방해하는 '드림 킬러'

앞서 언급한 것처럼 우리의 마음속에는 '변화를 바라고 도전하려는 입장'과 '변화를 원하지 않는 입장'이 공존하며 이 두 가지 요소는 늘 대치하고 있다. 그런데 팽팽히 유지되던 두 마음의 균형이 어느 날 갑자기 무너지는 경우가 있다. 바로 외부의 영향이 주된 원인이다. 특히 가까운 위치의 사람이 내놓는 의견은 우리의 사고에 크나큰 영향을 끼친다.

주변에서 접하는 의견 중에 '변화를 바라는 내'가 기대하는 의견이 우세해지면 인간은 도전하고, 변화하는 쪽으로 행동을 취할 수 있게 된다.

반대로 '변화를 원하지 않는 내'가 맘에 들어할만한 의견이 많아지면 변화를 위한 행동이 점점 힘들어진다.

게다가 몸과 마음의 스트레스 압박이 유지되다 보면 우리의 뇌는 이런 괴로움에서 벗어나기 위해 자연스레 자신을 정당화하면서 포기할 수밖에 없는 이유를 열심히 찾기 시작한다. 그러다 적당한 핑계거리를 찾게 되면 '꿈 실행 종료'라는 명령이 내려지고 결국 행동하지 않는, 변화를 시도하지 쪽으로 최종 결론이 나고 만다.

사실 창업 목적으로 상담을 희망하는 사람들의 대다수가 자신들이 꿈을 방해하는 존재에 둘러싸여 있다는 사실을 잘 알지 못한다. 이러한 존재들은 마음이 복잡한 상태를 벗어나지 못하도록 항상 우리의 의식에 압력을 가한다.

이처럼 우리의 꿈의 실현을 방해하는 존재를 나는 '드림 킬러'라고 일컫는다.

드림 킬러는 자신을 둘러싼 환경 그 자체일 때도 있지만 나와 친한 사람이거나 가까운 친구 혹은 가족이 될 수도 있다.

물론 그 사람은 자신이 드림 킬러 역할을 한다는 사실을 인식하지 못할뿐더러 나 또한 주변의 의견에 얼마나 많은 영향을 받고 있는지 깨닫지 못하는 경우가 대부분이다.

특히 가족이나 친한 친구들의 경우에는 내 일에 대해 좀 더 진지하게 고민하고 걱정하다보니 더욱 부정적인 의견을 피력할 때가 있다.

그런데 그런 부정적인 말이 마음에 새겨지면 차츰 '변화를 바라지 않는 내'가 각성하기 시작한다.

'역시 창업은 아직 일러. 좀 더 공부를 해야겠어.'
'곰곰이 생각해보니 창업은 조금 더 나중에 해야 할 것 같아.'
'창업은 너무 위험하니까 먼저 자격증부터 따야지.'

창업을 미루거나 단념하게 되는 선택은 대부분 이런 일련의 과정을 거치며 이루어진다.

반면 드림 킬러와 연이 없거나 혹은 있어도 충고는 고맙게 듣되 크게 신경 쓰지 않는 사람은 어찌 됐든 창업을 위해 변화를 시도하거나 지체 없이 행동에 옮기는 경우가 많다.

결국 꿈을 향한 첫걸음을 순조롭게 내딛기 위해서는 드림 킬러와 어떻게 적절한 관계를 유지하는지가 관건이라 할 수 있다. 한걸음 더 나아가 행동에 수반되는 리스크를 어떻게 관리할 것인지도 성패를 좌우하는 중요한 열쇠가 된다.

꿈을 이루는 열쇠, '나만의 사업'

만약 당신이 창업을 통해 좋아하는 일을 하며 돈을 벌고 싶다는 희망을 지녔다고 해보자. 그런데 일반적으로 창업을 하려면 다니던 회사를 그만둬야 한다는 결론을 내리게 된다. 아무래도 회사를 그만두면 규칙적인 월급과 복지 혜택이 사라지게 되니 먹고 살 수 있을지에 대한 걱정부터 앞서는 것이 당연할 수도 있다.

꿈을 이루기 위한 첫걸음을 순조롭게 내딛기 위해서는 리스크 관리와 함께 드림 킬러와의 적절한 관계 유지가 무엇보다 중요하다. 그런데 여러분이 '창업'이라는 단어를 내뱉는 순간, 혹은 '정말 괜찮을까?' 하는 불안감이 머릿속을 스치자마자 드림 킬러들은 소리 높여 다음과 같이 조언할 것이다.

"절대 무리야! 너한테 사업은 어울리지 않아. 안전한 월급쟁이가 훨씬 낫지……."

"창업하면 다들 실패하는 것 같아. 내가 아는 어떤 친구도 말이야……."

"창업이라니! 너한텐 아직 이르지 않을까? 적어도 3년은 준비도 하고 착실히 경험을 쌓아서……."

주위로부터 이런 의견을 듣는다면 어떻게 될까?

우리 안에 있는 '변화를 원하지 않는 자아'가 점점 주변의 말에 수긍하게 되면서 긍정적인 사고를 슬며시 저지하고 조용히 꿈을 덮어버린다.

인간은 기본적으로 변화를 두려워하는 존재이다. 애써 구축한 현재의 안정된 생활을 적극적으로 나서서 내던지고자 하는 사람은 찾아보기 힘들다. 따라서 변화하려는 자아와 변화를 원치 않는 자아는 마음속에서 항상 격렬히 다툴 수밖에 없다. 마치 정치판에서 파벌 싸움을 하듯이 말이다.

드림 킬러는 변화를 원치 않는 자아를 대변하는 존재다. 변화를 원치 않는 자아 또한 어디까지나 나의 일부이기 때문에 자신과 비슷한 주변의 말에 아주 간단히 설득되고 결국 행동을 멈추고 만다.

'그런데 정말 이대로 괜찮은 걸까……?'

하지만 여전히 어떤 사소한 일이 계기가 되면 몇 개월이 지나서라도 변화를 바라는 자아가 다시 눈을 뜨게 된다. 그리고 이전과는 달리 변화를 원치 않는 자아와 간간히 의견을 좁혀가며 '부업 정도라면 괜찮지 않을까?' 하는 타협안을 내놓기 시작한다.

부업을 생각하는 많은 이들은 주식이나 FX마진거래, 어필리에이트(affiliate, 인터넷 제휴 마케팅의 일종으로 링크한 제품이 구매로 이어지면 수수료를 받는 형식 — 옮긴이 주), 인터넷을 통한 상품 리셀링처럼 간단하게 돈이 벌릴 듯한 보물 같은 정보를 찾아 컴퓨터나 스마트폰을 통해 부지런히 검색한다.

요즘 세상에는 그런 사람들을 현혹하듯이 '지금 당장, 쉽고 간단하게 많은 돈을!'이라는 선전 문구를 내건 부업 관련 정보들이 넘쳐난다.

'내가 뭘 할 수 있을까?'
'이런 걸로 돈이 벌릴 리 없잖아? 하지만 혹시 모르니까…….'

이런저런 고민을 하면서 인터넷 정보를 들여다보다가 한번 시도라도 해보겠다는 마음으로 옥션 같은 사이트에 상품을 올리기도 하고 블로그에 글을 써보는 사람도 있을 것이다. 하지만 막상 직접 해보면 부업을 시작하기 전에 지녔던 기대와는 달리 일이 재미있지도, 가슴이 뛰지도 않는다. 결국 채 3일도 못 가서 기껏 행동으로 옮긴 일을 그만두며 괜한 시간 낭비를 했다고 후회하는 경우가 허다하다.

어째서 이런 결과를 맞게 되는 걸까?

이유는 너무도 간단하다. 애초에 부업을 통해 얻고자 하는 바가 달랐기 때문이다. 두근거림이 없는 부업은 동기부여도 오래가지 못하는 법이다.

한편, 창업을 위해 열심히 공부해서 자격증부터 따겠다는 타협안을 생각해낸 사람도 있을 것이다.

이런 경우는 대개 퇴근 후나 주말 시간을 활용해 자격증을 딸 수 있는 학원이나 협회, 기관 등으로 열심히 수업을 들으러 다니는 쪽이다.

수업을 듣다보면 같이 공부하는 동료도 생기면서 단조롭던 생활이 좀 더 즐거워지고 종류에 따라 수업료와 수험료만 내면 큰 어려움 없이 자격증을 딸 수 있는 경우도 있긴 하다.

하지만 어떤 경우건 자격증 코스를 마치고도 창업하지 못하는 사람이 대부분이다. 사업을 시작하는 것과 자격증 공부는 일의 성격 자체가 완전히 다르기 때문이다. 결국 수료증을 받았다는 사실 하나만 남긴 채 아무것도 변하지 않은 현실을 깨닫게 되고 괜한 돈과 시간을 허비했다며 다시 개운치 않던 원래의 상태로 돌아가고 만다.

이처럼 안이하게 시작한 부업이나 공부로는 마음속에 정리되지 않은 본질적인 문제를 결코 해결할 수 없다. 마음이 외치는 진정한 목소리에 귀를 기울여야 한다. 또 나의 바람과 달리 돌아서면 급변하는 세상의 현실도 똑바로 바라봐야 한다.

'난 용돈 벌이를 하고 싶은 게 아니야! 자유로우면서도 보람된 일을 하고 싶어. 손님한테 듣는 고맙다는 말 한마디를 소중히 여기고 가족들과 행복하게 사는 것, 자립할 수 있는 경제력을 손에 넣는 것이 내 목표야. 좋아하는 일로 돈을 벌면서 하루하루 좀 더 생기 있게 살아가고 싶어! 그리고 언제 끝나게 될지 모르는 회사 생활보다 장기적이고 의미 있는 일을 시작하고 싶어!'

너무나 당연한 말이지만 이러한 바람은 창업을 통하지 않고서는 실현되기 힘들다. 누군가로부터 월급을 받고 일하는 것은 금전적인 보수를 해결하는 기회는 되지만 결국 타인이 만든 사업에 자신을 끼워 넣는 격이기 때문이다.

남의 밑에서 일하다 보면 주어지는 자유에 한계가 있으며 내가 진정 좋아하는 일을 하기가 매우 어려울 수밖에 없다. 꿈을 이루고 싶다면 나만의 사업을 일으켜야 할 필요성부터 인지하도록 하자.

**절대 회사를
그만두지 말고 시작하라**

'나만의 사업'이라는 말에 어렵거나 불안하지 않을까 걱정되는 사람이 있을 수 있다. 그 순간 다시 드림 킬러가 등장한다.

"너한테는 무리라니까……. 아직도 모르겠어?"
"회사를 그만둬서 어떡하려고 그래? 월급이 안 들어온다고!"
"사업이라니, 무슨 바보 같은 생각이야? 네 형편을 생각해야지!"

드림 킬러의 이야기를 듣다보면 다시금 변화를 원하지 않는 자아 쪽이 우세해지면서 역시 행동을 주춤하게 된다.

대체 어떻게 하면 이 끝없는 마음의 갈등을 멈출 수 있을까?

앞서 꿈을 향한 첫발을 원활히 내딛기 위해서는 리스크 관리가 중요하다고 언급한 바 있다. 여기서 추천하고 싶은 리스크 관리 방법은 매우 간단하다.

'회사를 계속 다니면서 아침저녁 30분, 부업의 형태로 나만의 사업을 시작하라!'

이것은 월급이라는 경제적인 안정감과 새로운 도전이라는 의미 모두를 해결할 수 있는 방식이다. 그리고 이렇게 시작한 부업이 궤도에 오르면 결국 본격적인 창업이 가능해진다. 나 역시 23살 무렵 직장인의 신분으로 부업을 시작했고, 이후 창업에 성공한 경험자다. 솔직히 말하자면 나라는 사람도 해낸 만큼 누구라도 충분히 할 수 있는 일이라고 생각한다.

직접 말하기 창피하지만 사실 나는 유능하다는 말과는 거리가 먼 사람이었다. 회사에 다닐 때도 별 볼일 없는 직원 중 한 사람에 불과했다. 어려운 업무는 잘 소화하지 못했고 직장 내 의사소통도 고역이었다. 도망치듯 옮긴 새 회사에서는 어느새 기피 직원이 되어 있었다.

건방지다는 이유로 상사한테 얻어맞는 갑질을 당한 적도 있다. 식당에서 회식을 하다가 겪은 그 일은 아직도 가끔 꿈에 나와 나를 괴롭힌다. 이런 일련의 경험을 하다 보니 언제나 고개를 숙이고 주변의 눈치를 보며 회사를 다니던 나였다. 그런 사람도 창업의 꿈을 이뤄낸 것이다.

그러니 누구든 자신감을 가져도 좋다. 속는 셈 치고 일단 부업의 형태로 무리 없이 시작해보기를 추천한다.

회사를 관두지 않아도 상관없다. 월급을 포기하지 않아도 좋다. 사표를 내고 독립하느냐 마느냐는 사업이 잘 돌아가게 된 후에 상황을 보고 결정하면 되는 문제이기 때문이다.

"회사는 사업이 제대로 자리 잡고 난 후에 그만두면 됩니다. 초기에는 월급을 포기하거나 빚도 낼 필요 없이, 어느 정도 수입이 안정될 때까지 부업으로 해보면 어떨까요?"

이런 조언을 듣는다면 한번 해볼만하다고 느껴지지 않을까?

다만 앞서 언급한 주식이나 외환거래는 안정성이 담보되지 않는다. 게다가 설령 주식이나 외환거래로 어느 정도 수익을 거뒀다 쳐도 일을 통해 보람이나 설렘을 느끼고자 했던 진정한 바람은 충족시킬 수 없다.

타인의 사업에 편입돼 보수를 받는 '아르바이트형 부업' 역시 꿈에 다가가는 길을 멀게 만들 뿐이다. 퇴근 후에 다시 일을 하며 돈을 버는 부업 중에서도 대리운전이나 편의점 같은 노동 제공형 아르바이트는 더욱 바람직하지 않다. 수중에 바로 현금이 들어온다는 게 장점으로 보일지 모르지만 피로가 누적돼 기존 일에 지장을 주거나 건강에 무리가 생기기도 한다. 또한 회사에서 일하는 현재와 본질적으로 전혀 다를 바가 없기 때문이다. 이는 결코 본인이 원하는 부업의 형태가 아닐 것이다.

그러니 더더욱 용돈벌이 수준의 아르바이트 부업이 아닌 꿈을 이루기 위한 나만의 사업을 시도해야 한다. 나만의 사업은 결국 궁극적인 자아실현의 수단이 되어 줄 것이다.

많은 사람들이 창업은 곧 퇴사를 의미하고 직장인으로부터 멀어지는 일이라고 생각한다. 하지만 이런 인식은 금물이다. 만약 무작정 직장을 그만두고 창업을 하겠다는 사람이 있다면 진심으로 쫓아다니면서 말리고 싶다.

다시 한 번 다음의 질문을 깊이 생각해봤으면 한다.

'지금 바로 회사를 그만두고 빚을 내 불안정한 창업의 길로 들어서겠습니까?'

노동과 시간을 파는 부업은 지양하라

결코 선택하지 말아야 할 부업

마음속 깊이 간직해온 꿈을 실현하기 위해 부업의 형태로 사업을 시작할 수 있다는 사실을 어느 정도 이해했으리라 생각한다. 다만 앞서 언급했듯이 부업도 그 내용에 따라 가려서 선택해야 한다는 점을 다시 한 번 강조하고 싶다.

특히 노동 제공형 아르바이트처럼 자유를 보장받지 못하거나 노동의 값이 시간으로 매겨지는 부업을 택해서는 안 된다.

물론 넓은 의미에서 어떠한 경험이든지 인생에 도움이 된다는 사실을 부정할 의도는 없다. 하지만 부업에서도 노동에 시간을 쏟게 되면 더욱 피로해지고 건강을 해칠 우려도 있다. 완전히 자리를 잡고 독립하기 전에는 어디까지나 본업이 있어야 부업도 있다는 사실을 잊지 말아야 한다.

게다가 부업으로 일할 수 있는 시간 자체가 짧기 때문에 수입이 늘어나는 것 역시 생각보다 쉽지 않다. 그러다 보면 분명 동기부여도 꾸준히 이어지지 않는다.

'그렇게 열심히 했는데 고작 이 정도라니······.'

통장에 들어온 돈을 보며 자신이 터무니없는 일을 벌인 건 아닌지 후회하는 이들도 있을 수 있다. 이런 식의 생각이 들 때면 다시 드림 킬러들이 하나둘 등장한다.

"그것 봐, 내가 말한 대로잖아. 그냥 얌전히 회사나 다니라니까?"

드림 킬러가 던지는 단호한 말 속에서 행동을 멈출만한 이유를 찾게 되면 꿈을 향해 열렸던 마음에 다시금 빗장이 걸릴지도 모른다.

그럼 아르바이트를 통한 부업이 아닌 '나만의 사업'이라면 문제가 없는 걸까?

사실 그렇지는 않다. 개인사업이라고 해도 나의 시간을 쪼개가며 계속 투입해야만 돈이 들어오는 사업도 있기 때문이다.

예를 들어 코칭이나 카운슬링처럼 내가 직접 나서서 일을 해야 하는 아이템은 나의 시간을 고객에게 팔아 그만큼의 대가를 받는 사업이 되기 쉽다.

한번 곰곰이 따져보자. 퇴근 후의 한정된 시간이나 휴일을 활용해 얼마나 많은 의뢰인이 확보될 것이며 1시간가량 걸리는 상담을 몇 차례나 소화할 수 있을까?

기껏해야 몇 명의 고객을 모으는 데 그치기 쉽고 그 수를 늘리기는 상당히 어려울 것이다. 나름대로 시간당 비용을 조금 올려본들 벌 수 있는 금액은 사실 뻔할 수밖에 없는 형편이다.

시간을 쏟아 붓고 노동력을 제공한 대가로 돈을 받는 일은 설령 나만의 사업이라 해도 그다지 추천하고 싶은 방식이 아니다. 그야말로 인생을 헐값에 팔아넘기는 일이 될지도 모르기 때문이다.

자신을 싼값에 파는 행위는 자신감을 앗아가고 결국 드림 킬러들이 아주 좋아하는 마음의 틈을 만들어낸다.

고용되기보다 고용하는 사업을 하라

그렇다면 어떤 방식의 부업을 하는 편이 바람직할까?

이에 대한 답은 바로 시스템화에 있다. 대개 오랜 시간을 요하는 작업이나 본인이 서툰 분야를 전문가에게 맡기는 것이 시스템화의 가장 간단한 방법이다. 이런 식으로 사업을 운용하면 굳이 나의 시간을 할애하지 않아도 동기부여에 영향을 주는 요소들과 상관없이 착실히 수익을 낼 수 있게 된다.

예를 들어 한번 생각해 보자. 앞서 말한 코칭 사업을 하려는데 가능한 한 나의 시간을 들이지 않는 방식으로 사업을 시스템화하려면 어떻게 해야 할까?

한 가지 방편으로 아직 고객을 찾지 못한 코치들을 모아 의뢰인과 연결해주는 서비스 제공 사업을 생각해볼 수 있다.

이 경우에는 중개료가 곧 나의 보수가 된다. 이런 방식을 활용한다면 내가 직접 고객 면담에 나서지 않아도 다른 사람이 나의 수입을 벌어주게 된다. 시스템이 갖춰지고 나면 아침저녁 30분씩 블로그에 글을 쓰거나 고객 문의에 답변을 달아주는 정도만으로도 수입을 올리는 일이 가능해진다.

부업 단계에서 큰돈을 벌 필요는 없다. 우선은 시스템을 갖추는 일이 더욱 중요하기 때문이다. 어차피 내 시간은 아침과 저녁 30분씩밖에 쓰지 못하기 때문에 일단 수입이 적어도 별 문제가 되지 않는다.

물론 계약을 맺은 코치진이 부족할 경우에는 자신이 직접 상담에 나서야 할지도 모른다. 하지만 이는 일시적인 일로 시스템을 만들어가는 하나의 과정일 뿐이지 결코 최종 목표는 아니다.

혹시 이미 하고 싶은 부업 아이디어가 있다면 그 아이템이 나의 시간을 팔아서 수입을 올리는 일은 아닌지 꼼꼼히 점검해볼 필요가 있다. 만약 그렇다면 누군가에게 그 일을 의뢰하는 형태로 사업 구조를 바꿀 순 없을지 고민하며 방법을 구체화해보자. 요컨대 누군가에게 수주를 맡기기 위한 준비를 해나가는 과정이라고 보면 된다.

예를 들어 작업 매뉴얼을 준비하는 것처럼 할 수 있는 일은 무궁무진하다.

'어차피 너한테 창업은 무리야!'라는 드림 킬러의 말에 휘둘릴 필요 없다. '그래, 그러니까 더 잘하는 다른 사람에게 맡기면 되지!' 하고 그에 맞는 시스템을 갖춰 가면 된다.

타인의 사업에 종사하거나 시간에 매이는 일을 하는 한 우리는 언제까지나 자유로워질 수 없다. 많은 프리랜서들이 자유롭게 일하는 듯 보여도 실상 그렇지 못한 경우가 많은 것처럼 말이다.

부업의 형태로 사업을 시작할 거라면 내 스스로가 시스템을 만들고 지배하는 사람임을 항상 염두에 두고 행동하도록 하자. 시스템을 운용해 돈을 버는 형태야말로 동기부여와 상관없이 사업을 꾸준히 유지할 수 있고 드림 킬러를 멀리할 수 있는 최선의 방법이다.

의욕이나 열정과 상관없이
일할 수 있는 비결

'동기부여가 부족하여 오늘 하루 쉽니다.' _대표 올림

사실 이런 회사를 실제로 본 사람은 없을 듯하다. 고집스럽게 원칙을 지키며 운영하는 일부 음식점에서나 가능성이 있으려나? 하지만 기본적으로 회사라는 조직은 구성원 누군가의 의욕이 저하되든 말든 평소와 똑같이 돌아가기 마련이다.

나 또한 기분이 바닥을 치는 날이 있기도 하고 반대로 아주 기운이 넘치는 날도 있다. 사람이라면 누구나 그럴 수밖에 없다.

며칠 전에는 컨설팅 의뢰로 굉장히 바쁜 나날을 보냈다. 강연 준비도 해야 해서 늦은 밤까지 일이 끝나지 않아 녹초가 되고 말았다. 그렇게 아침이 밝자 입금이 되었다는 은행의 알림 메시지가 들어왔다.

그 다음 주는 전주와 달리 시간적으로 여유가 있어서 오전 중에는 운동을 갔다 오후쯤 여유롭게 출근했다. 그런데도 저번 주와 다름없이 은행에서 '입금이 되었다.'는 메시지를 받는다.

나의 컨디션 혹은 의욕과 상관없이 상품이나 서비스가 팔리고 회사가 돌아가는 시스템을 갖추고자 했던 노력이 결실을 맺었기 때문이다. 지금까지 드림 킬러에게 휘둘리지 않고 내 페이스대로 묵묵히 사업을 꾸려올 수 있었던 비결이기도 하다.

2장

창업할 때 반드시 주의할 것들

회사는 화려하게 보이는 데 연연해서는 안 된다.
빛나는 것은 지속되지 않는다.

———

제프 베조스(Jeff Bezos · 아마존닷컴 설립자)

지나친 불안감 극복하기

실천을 주저하게 만드는 3대 핑곗거리

1장에서는 창업을 위한 첫발을 내딛기 위해서는 무엇보다 리스크 관리 및 드림 킬러와의 적절한 거리 유지가 중요하다는 점을 설명했다. 그러면서 효율적인 리스크 관리를 위해 '회사를 그만두지 않고 아침저녁 30분씩 시간을 할애하여 부업의 형태로 나만의 사업을 시작하는 방법'을 추천했다.

하지만 이런 방법을 알면서도 실천하려는 의지를 전혀 보이지 않는 사람도 있다. 그런 이들에게 '간단하게 부업부터 시작해도 되는데 어째서 창업에 나서지 않느냐'고 그 이유를 물어보면 항상 다음과 같은 비슷한 대답이 돌아온다.

"왠지 무서워요."
"자신이 없네요."
"결심이 서지 않아요."

어떤 것부터 시작하면 좋을지 모르겠다고 답하는 사람도 꽤 있지만 이 경우는 인터넷을 통해 검색을 해보거나 서점에 나와 있는 다양한 책을 읽으면서 해결할 수 있는 문제이니 결국 위의 3가지가 주된 이유인 셈이다.

사실 세 문장은 거의 똑같은 의미이고 주로 행동에 옮기지 않는 사람들이 즐겨 쓰는 3대 변명거리이기도 하다.

이외에도 '아이디어가 없다', '기술이 부족하다', '시간이 없다', '돈이 없다' 등등 행동으로 옮겨보지도 못하게 만든 이유가 새록새록 등장한다. 인간이란 나를 비롯해 핑계거리를 생각해내는 데 상당한 재능이 있는 듯하다.

이중 '무섭다'는 핑계는 가장 자주 듣게 되는 말인데 앞에 '왠지'라는 수식어가 붙는 특징을 보인다. 이 '왠지'라는 말에는 아마도 '실패가 두렵다'거나 '빚지는 게 무섭다', '바빠져서 힘들어지는 게 싫다' 같은 여러 가지 불안한 마음이 함축되어 있으리라 생각한다.

하지만 차근차근 이성적으로 생각해보면 직장인의 신분을 유지한 채 작은 규모로 시작하는 것이니만큼 실패한다고 해도 큰 타격을 입을 걱정은 없다. 빚을 내지 않아도 되는 아이템으로 시작하면 되고, 사업 초기부터 고객이 많을 리는 없으니 바빠질 일에 대한 염려도 일단은 접어둘 수 있다. 결국 일어나지 않는 일을 미리 걱정부터 하고 있는 셈이다.

사람은 누구나 현 상태를 유지하고 싶어 하는 본성을 지니고 있다. 바꾸고 싶다, 변하고 싶다고 말은 하지만 사실 현재의 틀에서 크게 바뀌는 일은 모두에게 두려운 일이다.

때문에 결국 '아무것도 하지 않는다'라는, 상대적으로 안심이 되고 심리적으로 안전하다고 믿는 선택을 한다. 하지만 이런 선택을 반복하다 보면 자신감이 떨어지고 스스로를 믿지 못하는 상태가 고착되는 것이다.

'컴포트 존' 탈출하기

'아무 것도 하지 않는다'는 선택은 심적으로 보다 편안하게 받아들여지곤 한다. 이처럼 심리적으로 편안함을 느끼는 영역을 흔히 '컴포트 존Comfort zone'이라고 한다. 컴포트 존 안에 머무는 동안에는 모든 상황이 현재 상태를 그대로 유지하기 때문에 결과적으로 아무것도 시작되지 않는다.

이런 컴포트 존에서 벗어나려면 어떻게 해야 할까?

편안함을 느끼는 영역에서 자신을 끄집어내기 위해서는 일반적으로 어떤 계기가 필요하다. 대개의 경우 그 계기는 '부정적인 영향'에서 비롯될 때가 많다.

부정적인 영향으로는 정리해고나 파산의 위기, 부동산이나 주식투자의 실패 같은 경제적 손실과 질병, 이혼, 소중한 사람의 죽음, 따돌림 등등 사회·육체적인 손실을 예로 들 수 있다. 사람은 이와 같은 사태에 직면하기 전까지는 좀처럼 스스로 바뀌지 않는 것이 일반적이다.

하지만 인생에 변화를 주고 싶다면 저절로 계기가 찾아오기만을 기다리는 것은 현명한 태도는 아니다. 스스로를 컴포트 존 밖으로 끌어내기 위해서는 지금 당장 계기가 되어 줄 행동을 취해야 한다.

부정적인 영향보다 강도가 조금 약하긴 하지만 '긍정적인 영향'도 컴포트 존을 벗어나는 좋은 계기가 될 수 있다. 지금이라도 당장 실천에 옮길 수 있는 방법에는 '성공 경험 쌓기'가 있다. 작은 성공일지라도 지속적으로 반복하다보면 이것이 자신감으로 이어지고 자신감은 결국 '지금보다 더 성장할 수 있다'는 인식으로 확장된다.

성공 경험은 사소한 것이어도 상관없다. 아니, 오히려 드림 킬러들한테 비웃음을 살 만큼 사소한 일로 첫 성공의 경험을 맛보도록 하자.

예를 들어 '3개월 동안 아침에 30분씩 일찍 일어나기', '1주일 안에 블로그 계정 만들기'처럼 작고 사소한 일이어도 괜찮다. 나와의 약속을 지킨다는 개념으로 봐도 무방하다. 이런 사소한 성공 경험이 쌓이다 보면 조금씩 컴포트 존에서 벗어날 수 있게 된다.

컴포트 존에서 반걸음 정도 빠져나왔다면 다음은 두 발이 다 벗어날 수 있을 때까지 다시 사소한 일을 반복해야 한다. 착실하게 성과를 내다보면 두려움도 극복하게 되고 떨어진 자신감 역시 거의 회복할 수 있다.

'나는 기량이 좀 부족한 것 같아…….' 하는 불안감도 '여태까지 회사 생활 해온 게 몇 년인데 분명 어떻게든 되겠지!'라고 대범하게 생각하는 날이 분명 찾아올 것이다. 나아가 부족한 부분을 끌어안고 고민하기보다 '외주로 돌려서 전문가한테 맡기면 그만이야!'라고 거침없이 결정하게 될지도 모른다.

리스크 관리로 자신감의 근거를 만들자

두렵다거나 자신이 없다는 식으로 행동하지 않는 이유를 늘어놓는 사람이 있는가 하면 반드시 성공할 것이라고 믿어 의심치 않는 사람도 있다.

이렇게 자신만만한 사람은 대략 두 가지 유형으로 나뉜다.

첫 번째는 아무런 근거 없이 그냥 자신감이 넘쳐나는 타입이다.

회사를 다니던 당시 한번은 이런 이야기를 듣게 된 적이 있다. 막 입사한 20대의 젊은 사원이 있었는데 연수기간 중 교육을 진행하던 상사에게 본인은 독립할 예정이라 길어야 2년 정도만 회사를 다닐 계획이라고 말했다는 것이다. '아직 아무런 능력도 갖추지 않은 주제에 독립 선언부터 해버리다니⋯⋯.' 얼굴이 벌겋게 달아오를 만큼 흥분한 상사의 이야기를 들으며 그 신입의 행동에 속으로 쓴웃음이 지어졌다.

결국 그 직원은 3개월도 지나지 않아 회사를 그만두게 되었다. 자신만만한 태도 자체가 결코 나쁜 건 아니지만 지나친 말은 언제나 화근이 되는 법이다.

두 번째로는 확실한 근거를 바탕으로 자신감을 보이는 유형도 있다. 주로 리스크 관리를 확실히 하고 있는 사람들이 이에 해당된다.

보통 이런 유형은 조급하게 서둘러 회사를 그만두기보다 자신이 좋아하는 일을 참고해 규모는 작지만 탄탄하고 밑천이 거의 들지 않는 부업형 창업을 시도한다.

또 이런 유형의 사람들은 부업에 필요한 예산이나 목표 기한을 확실히 정하고, 이를 실현하기 위해 야근은 피하고 생활관리를 확실히 하는 등 본업과 부업의 병행 방안 역시 명확하게 강구한다.

게다가 누군가에게 쓸데없이 떠벌리지 않으며 본업을 하는 시간 동안에는 최대한 집중하고 부업에 대해 일체 드러내지 않는다.

이런 유형은 굳이 드러내려 하지 않아도 자연스럽게 자신감이 흘러넘친다.

좋아하고 즐기던 무언가가 사업 아이템이 되어 그것이 창업의 꿈으로 이어졌으며 사업 리스크도 극히 적기 때문이다.

창업을 위해
결정해야 할 3가지 요소

아침저녁 30분을 활용해 창업을 원활하게 시작하기 위해서는 다음
과 같은 3가지 사항을 사전에 정해두면 좋다.

첫째는 '예산'

둘째는 '기간'

마지막은 '출구 설정'이다.

우선은 임시로 내린 결정이어도 상관없다. 그러니 이들 3가지 사항
을 정하는 일로 창업 준비를 시작해보자.

지금 바로 움직이기 시작한 사람과 그냥 지나치고 행동하지 않은

사람 사이에는 몇 년 뒤면 결코 따라잡을 수 없는 격차가 벌어지고 만다. 그러니 천천히, 조금씩이라도 한 발 한 발 내딛는 것이 필요하다.

1) 예산 설정하기

창업을 고민할 때 가장 많은 사람들이 걱정하는 것은 역시 '예산', '돈'에 관한 문제일 수밖에 없다.

직장인이라면 대개 '돈은 쓰지 않아야 모인다'고 생각하는 경향이 있다. 물론 생활비는 그런 식으로 운용해도 된다. 하지만 이런 사고방식에 익숙해지면 사업을 준비하는 데 있어서도 돈을 하나도 들이고 싶지 않다는 마음이 생겨나 모든 것을 공짜로 해결하려 들게 된다.

그러다 보면 조금이라도 비용이 들어가는 일이 생겼을 때 그 자체가 '행동하지 않을 이유'가 되어 버린다.

부업부터 소규모로 시작하면 분명 돈을 들이지 않고 창업하는 일이 가능하다. 그런데 정말 비용이 전혀 필요하지 않을 수 있을까? 사실 사업하는 데 있어 그런 일은 결코 있을 수 없다.

"어! 돈이 든다고?"

이 사실에 실망하는 사람도 있을지 모르겠다.

하지만 여기서 돈이 필요하다는 게 결코 큰돈이 투입된다는 말이 아니다. 미팅에 참석하려면 지하철을 타더라도 교통비가 들고, 회의를 하다보면 커피 값 정도는 들기 마련이다. 프린터 잉크나 A4 용지 같은 기본적인 사무용품도 필요하다. 연필이나 테이프 같은 것들도 어떻게 보면 다 비용이라고 할 수 있다.

단지 회사를 설립하면서 세금을 내거나 사무실을 임대하고, 직원을 채용하는 등에 소요되는 큰 비용이 들어가지 않는다는 의미이다.

더구나 요즘은 인터넷이 있어 무료나 저렴한 가격에 제공되는 도구들에 대한 정보를 입수해 현명하게 활용한다면 거의 돈을 들이지 않고도 얼마든지 사업을 시작할 수 있다.

우선 이 시점에서 정리해봐야 할 것은 어느 정도의 자금을 사업에 투자해도 되는지 가능 범위를 정하는 일이다. ①매월 얼마 정도는 망설임 없이 사업에 사용해도 되고, ②얼마까지는 가족과 상의해서 정해야 하며, ③얼마 이상은 고민할 필요 없이 지출하지 않는다는 식으로 예산의 범위에 대해 미리 명확하게 정해두도록 하자.

2) 목표 기한 설정하기

다음은 사업의 '기간'을 정할 차례다.

직장인 신분을 유지한 채 부업을 하다보면 본인이 포기하지 않는 한은 일을 처리하는 데 있어 딱히 정해진 기한이 없게 된다. 그렇다 보면 무심코 늘어지거나 일처리를 뒤로 미루는 경우가 종종 생긴다. 물론 본업과 함께 꾸준히 부업을 한다는 사실만으로도 대단한 일이니 아주 치밀하게 기한을 설정할 필요는 없다. 하지만 '180일 안에 첫 매출 달성하기!'처럼 목표에 어느 정도 기간을 정해두면 행동의 완급을 조절하는 데 도움이 되고 보다 즐기면서 사업에 도전할 수 있다.

3) 출구 설정하기

마지막으로 '출구'를 설정해두는 일은 무엇보다 중요하다.

앞서 언급한 예산 문제도 그렇지만 돈과 관련된 것 외에도 물러날 한계점을 설정해두면 좀 더 안심하고 사업을 진행할 수 있다.

예를 들어 '이러이러한 상황이 되면 회사를 관둔다'거나 '이러이러한 상황이 되면 당분간 부업을 중지한다'는 식으로 미리 출구를 생각해두는 것이다. 이렇게 미리 한계점을 설정해두면 실행에 옮기는 데도 도움이 되지만 만일의 경우에도 크게 당황하는 일 없이 차분히 결단을 내릴 수 있다.

다만 이렇게 설정한 한계점은 일정 기간마다 재검토를 진행해야 한다. 개인의 여건, 사업의 성장도에 따라 리스크의 허용 범위 역시 달라지기 때문이다.

회사에
감시당한다?!

최근 일본 내 일부 대기업에서는 부업을 신고제로 바꾸는 등 조건 부로 부업을 허용해주는 움직임이 보이고 있다. 우수한 인재를 조직 내에 붙잡아두겠다는 목적에서부터 과거와 달리 회사가 직원의 정년 을 100퍼센트 보장하지 못하는 현실적인 문제 반영까지…… 그 이유 는 다양하게 존재한다.

다만 이런 부업 허용의 기류는 일부 대기업의 사례인 것도 현실이 다. 중소기업에서는 종신 고용이라는 전제도 희박해졌고 근무 형태조 차 대기업에 비해 자유로이 선택할 수 있는 권리가 보장되지 않는다.

다시 말해 몸담고 있는 회사의 규모와 상관없이 회사를 다니면서 부업이나 창업을 한다는 것은 허용되지 않는 경우가 대다수고, 자칫 그 사실이 알려지면 곤란을 겪게 될 수 있다는 것이다.

그런데 부업이나 창업 준비 사실을 회사에 들키게 되는 가장 큰 원인은 무엇일까? 세금 문제나 블로그 또는 SNS를 통한 정보 누설보다 단연코 높은 비율을 차지하는 원인이 있다. 바로 본인이 직접 이야기를 꺼내는 것이다. 즉, 스스로 입단속을 못하거나 은근한 자기 자랑에서 비롯된 자업자득인 경우가 많다는 소리이다.

때로 귀찮은 회사 회식에 참석해서도 편하게 지내는 동기나 후배들과 모여앉아 한잔 마시는 시간은 즐겁게 느껴진다. 이런 자리에서 인사 관련 소문이나 얼마 되지 않는 연봉 또는 보너스 금액의 차이로 흥분하는 동료를 보면 자신도 모르게 속에 감춰뒀던 말이 튀어나오고 만다.

"너무 그런 일에 연연하지 마. 부업이라는 흥미로운 세계도 있다고! 다들 한번 시도해보면 어때?"

"어, 그게 뭐야?" 하고 그 자리에서 모두의 주목을 받다 보면 자신의 이야기를 털어놓으며 잠시나마 기분 좋은 저녁 시간을 보낼는지 모른다.

하지만 다음날 아침에 출근하면 같은 사무실에서 근무하는 모든 사람의 귀에는 어제 나눈 이야기가 들어가 있고 나는 곧 시기와 질투의 대상이 된다. 또 상사한테 불려가는 일도 시간문제다. 결국 뭐라고 해명해야 할지, 거짓말을 해야 하는 건지 하루 종일 안절부절 못하며 시간을 보내게 된다.

회사원 Y의 경험담을 한번 살펴보자. 자신이 취미활동에 애용하는 스포츠 용품을 수입해 지인의 회사로 판매하고 있었다. 규모가 크지도 않았고, 무엇보다 지인의 회사에 납품하는 정도라 딱히 외부에 드러날 염려도 없었기에 안심하며 부업을 즐기는 중이었다.

그러던 어느 날 Y는 '부장님과 업무적으로 잘 맞지 않는다'는 동료 S의 하소연을 듣게 된다. 실의에 빠진 동료를 위로하려는 마음에 S를 술집에 데려가 대화를 나누던 도중 Y는 그만 자신의 부업 이야기를 꺼내고 말았다.

"나도 예전에 비슷한 생각을 했었어. 그때부터 내 사업을 시작했지. 사업을 하다보면 자신감이 붙더라고. 너도 할 수 있어. 걱정하지 마. 내가 모든 걸 알려줄게!"

다음날 Y는 출근하자마자 왠지 부서 사람들이 서먹하게 구는 듯한, 평소와는 다른 분위기를 느꼈다고 한다. 그러다 이윽고 K 부장이 찾아왔다.

"Y씨, 잠깐 나 좀 볼까?"

부장님을 따라 회의실로 들어가니 고개를 떨어뜨린 채 앉아 있는 S의 모습이 보였다. 부장님의 노트북 모니터에는 Y가 부업 내용을 올리던 블로그 화면이 떠있었다.

회사를 계속 다니기가 불편해진 Y는 결국 스스로 사표를 낼 수밖에 없었다.

Y의 경우에는 다행히 부업이 순조롭게 자리를 잡아 회사를 그만두는 일이 당장 큰 문제가 되지 않을 수 있었다. 하지만 만약 그의 사업이 독립할 수 있는 수준까지 오르지 못한 상태였다면 Y의 입장은 분명 굉장히 난처한 상황에 맞닥뜨렸을 것이다.

이런 사태를 방지하기 위해서라도 회사와 관계된 사람 앞에서는 절대로 사업에 관한 이야기를 꺼내지 말아야 한다.

뿐만 아니라 회사 컴퓨터나 인터넷 망을 사용해 블로그를 갱신하거나 SNS에 글을 올리는 일도 반드시 피해야 한다. 부업 금지 조항을 어겼다고 한소리 듣기 전에 먼저 정보보안 문제로 지적을 받을 수도 있고 그러다 결국 부업 사실이 발각될 위험도 있기 때문이다.

친한 동료든 귀여운 후배든 타인의 감정이나 대화 습관은 어떻게 컨트롤할 수 없는 영역이다. 그러니 어떤 상황에 놓이게 되더라도 괜한 말은 삼가도록 하자.

30 min 창업, 이렇게 하면 반드시 실패한다!

아이디어만 믿고 사표를 내는 행동

소규모 부업으로 사업에 발을 들인다고 해도 아침저녁 30분 정도만 짬을 내 일을 진행하는 경우에는 사업이 궤도에 오르기까지는 어느 정도 기간이 필요하다. 그렇기 때문에 사업 아이디어가 떠올랐다고 곧바로 회사를 그만두어서는 안 된다.

"아라이 씨, 저 그냥 회사 그만뒀어요!"

예전에 이런 고객이 있었다. 편의상 그녀의 이름을 U라고 부르겠다. 대형 유통회사에서 구매 업무를 담당하던 그녀에게는 오래전부터 인터넷 쇼핑몰 사업을 해보고 싶다는 꿈이 있었다. 그러던 어느 날 자신이 찾던 거래처를 발견했다면서 갑자기 사표를 내고 회사를 그만둔 것이다.

"그래서 저도 이제 본격적으로 독립하려고 하는데, 뭐부터 하면 좋을까요?"

사업을 시작하기에는 아무런 지식도 없고, 준비도 되어 있지 않았으며, 당연히 자금도 별로 없는 상태였다. 심지어 옷에 대한 자신만의 철학이 확고한 편이라 고객의 니즈를 수용하려는 모습도 제대로 보이지 않았다.

그런 상황에서 그녀는 사업을 시작했지만 전혀 인지도가 없고, 브랜드 이름도 변변치 못한 그녀의 쇼핑몰은 전혀 매출을 발생시키지 못했다. 그렇게 어렵게 사업을 운영해가며 얼마 되지 않는 적금까지 다 끌어다 써버린 U는 현재 결국 다른 직장에 입사해 일을 하고 있다. 이전 직장에 비해 연봉은 굉장히 줄어들고, 일도 적응하기 힘들어한다는 소식을 전해 들었다. 기껏 이뤄낸 독립이 좋지 않은 결과를 맞은 안타까운 사례이다.

그렇다면 회사를 관두는 시점은 언제쯤이 가장 적당할까?

한 가지 기준이 되는 척도로는 본인의 연봉을 들 수 있다. 부업이 궤도에 올랐을 때 들어오는 수입과 자신의 현재 연봉을 비교하는 것이다. 결혼하지 않은 독신은 부업을 통해 본업과 비슷한 수준의 수입이 들어올 때를 독립 시점으로 잡으면 적당하다. 가족이 있는 경우에는 부업으로 현재 연봉의 약 2배 이상 수입이 들어오면서 1년 치 생활비 정도가 계좌에 마련되어 있어야 한다.

가능하면 하루라도 빨리 회사를 그만두고 싶어 하는 마음은 충분히 이해한다. 하지만 사표를 내는 일은 준비를 확실히 끝낸 다음에 해도 결코 늦지 않다.

오히려 그렇게 하는 것이 맞고 바람직한 일이다. 순간적인 감정이나 기분, 혹은 직감으로 퇴직을 결정하기 전에 현재의 기반을 확실히 확인하는 태도가 필요하다.

친구와의 동업

현재 필자가 운영 중인 창업지원 사업체인 〈창업 18〉에서 세미나 모집을 시작하면 종종 이런 문의가 들어온다.

'친구와 함께 참가하고 싶은데 괜찮을까요?'

보통은 공동 창업을 바라는 친구끼리 오겠다는 문의가 대부분이다. 물론 가끔은 혼자 참석하기 낯설다는 이유로 친구와 함께 오겠다는 사람도 있고 네트워크 마케팅을 권유하려는 목적에서 등록하는 경우도 있다.

이처럼 친구와 함께 사업을 하겠다고 찾아오는 고객들이 적지 않은데 솔직히 말해서 나는 동업을 추천하지 않는다.

아무래도 사업이다 보니 돈에 대한 이해득실이 걸려 있기 때문이다. 경영 방침이나 사업에 임하는 자세, 가치관에서도 의견 차이가 발생할지 모른다. 하지만 가장 중요한 것은 친구끼리는 서로 조심하는 면이 있다 보니 서로 하고 싶은 말을 확실히 하지 못하는 경향이 있다는 점이다. 그렇게 의견 차이가 쌓이다가 나중에 사이가 틀어지는 경우도 심심찮게 본다.

그럼에도 어떻게든 친구와 함께 사업을 하고 싶다면 각자 사업주가 되어 서로 대등한 위치에서 거래처로 함께 일하는 편이 바람직하다고 생각한다. 그런 경우라면 만의 하나 어떤 일이 닥치더라도 최악의 사태로 치닫기 전에 거래를 종료하는 선에서 마무리를 지을 수 있다.

친구끼리의 동업을 추천하지는 않지만 사업에 있어서 파트너의 존재는 분명 중요하다. 파트너십에 대해서는 뒤에 5장에서 자세히 설명할 예정이다.

직장인 특유의 의존감

부업이라 해도 나만의 사업을 한다는 사실은 곧 '자립'을 의미한다. 직장인은 하나부터 열까지 자신이 속한 회사나 사회로부터 지원을 받으며 업무를 진행한다. 매달 월급도 받게 되고 높은 수준의 사회보험도 보장된다. 업무에 필요한 비품 역시 회사의 누군가가 알아서 채워준다. 회사에서 총무나 경리 업무를 담당하지 않는 한 어음이나 복사 용지, 수입 인지 등을 조달해본 경험이 별로 없을 것이다.

하지만 나만의 사업을 시작하게 되면 총무나 경리와 같은 지원부서의 업무는 물론이고 영업을 비롯한 전방부서의 업무까지 모두 직접 처리해야만 한다.

일단 창업에 발을 들인 후에는 '누군가가 해주겠지' 하고 당연하게 여겨온 의존심부터 버려야 한다. 창업을 한 바로 그 순간부터 일을 처리할 사람은 본인 외에 아무도 없다는 사실을 유념하도록 하자.

4명 이상의 조직

소소하게 시작하는 부업이다 보니 처음에는 혼자 일하는 것이 당연한 전제가 된다. 하지만 사업이 성장함에 따라 가족을 직원으로 두거나 아르바이트 직원을 고용하는 등 구성원의 수가 늘어나는 경우도 있다.

다만 직원을 늘리기 전에 '혼자서 몇 사람까지 관리할 수 있는지' 정확히 따져보는 것이 정말 중요하다. 회사를 그만두지 않는 한 우리는 본업을 함께 떠안아야 한다. 본업에 구속되는 시간은 하루에 대략

9시간 정도인데 그 동안에는 자유롭게 움직이기가 사실 불가능하다.

그렇게 본업을 위해 자리를 비우고 있는 시간에는 몇몇 직원으로 부업을 챙겨야 한다. 이런 환경 속에서 어떻게 하면 직원들이 일을 확실히 처리하도록 만들 수 있을까?

물론 사람마다 그리고 경우에 따라 다른 문제이기는 하다. 하지만 경험에 비추어볼 때 관리가 가능한 직원 수는 본인을 제외하고 2명까지가 적당하다고 생각된다. 그 규모 이상의 조직을 원격으로 움직이기 위해서는 관리자나 경영자로서의 경험과 인덕 또한 필수적이다.

불필요한 겉치레

사업은 꿈을 실현하기 위한 하나의 수단이다. 그러니 겉모습이나 그럴싸한 형식에 집착할 필요는 없다. 거래처나 고객, 응원해주는 가족이나 친구 모두 그런 형식적인 성장을 기대하지 않는다.

대신 행복하고 건강한 모습으로 고객이나 가족을 위해 활기차게 일하기를 바라며 그런 모습을 보여줄 수 있을 때 비로소 그들도 기뻐할 것이다.

화려한 매장, 널찍한 사무실, 불필요한 직원 등은 모두 허영심을 채워주는 도구에 지나지 않는다. 직원이 몇 명이냐고 친구가 물으면 '나 혼자 꾸리고 있다'고 당당히 대답하면 된다. 혼자서 사업한다는 것, 1

인 기업을 한다는 것은 조금도 부끄러울 일이 아니다.

그러니 항상 스스로 질문을 던지고 냉정하게 판단하는 자세를 기르자.

'이게 진짜로 필요할까? 없어도 별 문제 없지 않을까?'

필요 없는 일에 비용을 사용하거나 의미 없는 부분에 집착하기보다는 다음 단계의 발판이 되어 줄 수익을 끌어올리는 일에 모든 돈을 투자해야 한다. 헛된 낭비를 지양하면서 어디에 투자해야 보다 큰 수익을 기대할 수 있을지 지속적인 고민이 필요하다.

자금 조달에 대한 조바심

매장이건 사무실이건 나만의 '공간', '사업장'을 마련하는 일은 창업에 발을 디딘 사람이라면 누구나 꿈꾸는 하나의 목표일지도 모른다. 하지만 사업을 시작할 때는 초기 투자금은 몰라도 매월 발생하는 '고정비'를 줄이는 것이 매우 중요하다.

현재 주택담보대출을 갚고 있는 사람도 꽤 많으리라 예상된다. 아무리 저금리 시대라고 해도 이미 그런 큰 대출이 있는 상태에서 또다시 융자를 늘리는 것은 그다지 바람직한 방안이 아니다.

물론 융자를 받아서라도 선행 투자를 해야 사업을 성장시킬 수 있다는 주장도 어느 정도 일리는 있다. 하지만 투자는 창업을 하고 조금 더 시간이 지난 시점에 검토해도 결코 늦지 않다.

객관적인 숫자와 문자로 계획서를 작성해보면 사업 초보자가 직감만 믿고 큰돈을 빌리는 행위가 얼마나 도박 같은 일인지 깨달을 수 있다. 그러기 전에는 해본 적이 없는 일이기 때문에 대부분 매출에 대한 예상이 상당히 낙관적이다.

'이 정도는 기본적으로 팔리겠지!'
'이 정도 매출은 당연히 나올 거야!'

도대체 이렇게 쉽게 생각하는 까닭은 무엇일까? 앞서 했던 말의 반복이긴 하지만 그건 바로 그가 '경험이 없기 때문'이다.

만약 마치 운동을 배우듯이 사업을 시작하게 되면 얘기는 달라질지 모른다. 운동은 보통 실력이 좋은 사람한테 배우는 것부터 시작해 충분한 연습 과정을 거치고, 어느 정도 실력이 갖춰지면 먼저 작은 대회에 출전하고 서서히 큰 무대에 도전하는 단계를 거친다. 그러다 보면 얼마나 강한 선수가 시합에 참가하는지, 지금 나의 위치에서는 어느 정도의 연습이 필요한지 스스로 가늠이 된다. 하지만 많은 사람들이 사업에 있어 이런 과정 없이 '에이, 어떻게든 되겠지 뭐!' '그냥 열심히 하다 보면 성공할 수 있을 거야!' 하며 너무도 쉽게 결정해버린다. 사업은 결코 기대한 방향으로 흘러가지 않는 법인데도 말이다.

운동을 배울 때처럼 사업도 우선 작은 규모부터 도전해야 한다. 그렇게 조금씩 실력을 쌓고 감각을 익혀 가도록 하자. 보다 큰 투자는 그 후에 해도 늦지 않다.

📢 보조금 제도를 활용하자

소소한 부업으로 시작하려 해도 초기 투자부터 어느 정도 돈이 필요한 경우도 있다. 하지만 앞서 말했듯이 갑자기 큰 규모의 빚을 내는 건 웬만하면 피하고 싶은 일이다. 이런 상황에서는 창업 보조금을 검토해보는 것도 하나의 방법이다.

중앙정부는 물론 각 지방자치단체가 제공하는 보조금 중에는 창업 활동과 관련된 지원이 다양하게 존재한다. 단 돈을 받는 시점이 심사를 통과한 사업 계획이 실제로 시행된 이후가 되는 경우가 많다. 이것은 다시 말해 지원금을 받는다 하더라도 초기에는 자기 자본이 필요할 수 있다는 점에 유의해야 한다는 것이다. 막연히 '보조금을 받게 됐으니 돈은 필요 없겠지?' 하고 착각해서 자기 자본을 마련해두지 않으면 반드시 사업 운용에 문제가 생길 수 있기 때문이다.

그리고 보조금을 신청할 때도 각별한 준비가 필요하다. '상환할

필요가 없는' 경우는 물론 모든 보조금 사업의 심사는 엄격하게 이루어지기 때문이다. 이 과정에서는 사업의 실현 가능성이나 수익성, 지속성 등 다양한 항목을 평가받게 된다. 물론 매출이나 경비, 경영 이익처럼 예상의 근거가 빈약하거나 실현 가능성이 낮아 보이는, 즉흥적이거나 아마추어 수준의 사업 계획서는 그대로 문전박대 당하기 쉽다. 따라서 보조금 제도를 이용하고자 할 때는 사전에 컨설팅 전문가에게 자문을 구해 세밀히 지원 사항을 준비하는 방법도 고민해보는 것이 좋다.

창업보조금 정보를 원한다면

창업보조금은 중앙정부나 지방자치단체의 지원사업으로 매년 정기적으로 진행된다. 중앙정부의 창업지원사업은 중소벤처기업부 소관으로 진행되며, 매년 초 관련 사이트에서 확인할 수 있다. 지원 자격은 예비창업자와 창업 후 3년 미만 기업을 대상으로 한다. 초기 사업자금에 대한 계획을 구상하면서, 검토해볼 만한 지원 내용이 다양하게 있으니 각자 적합한 조건의 보조금을 알아보도록 하자.

중소벤처기업부 https://www.mss.go.kr

창업진흥원 https://www.k-startup.go.kr

전화 문의 : 국번 없이 1357(월 – 금) 9시부터 17시까지

어른이 된 우리들이
잊고 있는 것

세미나를 진행할 때마다 단골로 하는 질문이 있다.

"여러분은 하루 중 몇 시간을 꿈에 투자하십니까? 꿈을 위해 지출하는 돈은 한 달에 얼마 정도 되나요?"

이 말을 들은 참석자들은 대부분 '헉!' 하고 놀란 표정이 되어 내 눈을 바라본다. 마치 중요한 무언가를 잊고 있었다는 듯한 표정이다.

'하지 않으면 안 되는 일', '해야 하는 일'만을 우선시하며 수십 년을 살다보니 어느새 우리는 '하고 싶은 일'을 하는 기분이 어떤지 잊어버렸는지도 모른다. 어른들은 어느새 자기가 하고 싶은 일을 실현하고자 하는 마음조차 잊고 있었던 듯하다.

'창업은 결코 무서운 일이 아니었어.'

'컴포트 존에서 나오면 되겠다!'

'회사를 다니면서도 꿈을 이룰 수 있구나!'

세미나를 통해 이런 사실을 알게 된 어른들은 마치 아이처럼 두 눈을 반짝인다.

"저도 할 수 있다는 사실을 깨달았어요!"

참석자들한테 이런 말을 듣는 것이 나의 가장 큰 기쁨이 되었다.

한국의 직장인과 창업

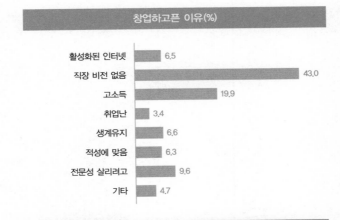

창업하고픈 이유(%)

활성화된 인터넷	6.5
직장 비전 없음	43.0
고소득	19.9
취업난	3.4
생계유지	6.6
적성에 맞음	6.3
전문성 살리려고	9.6
기타	4.7

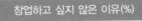

창업하고 싶지 않은 이유(%)

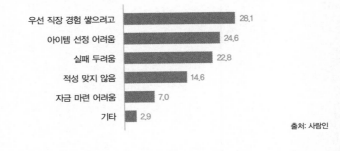

우선 직장 경험 쌓으려고	28.1
아이템 선정 어려움	24.6
실패 두려움	22.8
적성 맞지 않음	14.6
자금 마련 어려움	7.0
기타	2.9

출처: 사람인

3장

창업 성공 확률을 높이는 비밀

창업을 하는 최고의 이유는 세상을 더 나은 곳으로 만들기 위해
상품이나 서비스를 창조하여 의미를 만드는 것이다.

———

가이 가와사키(Kawasaki · 개라지 테크놀로지 벤처스 설립자)

무엇을 하고 싶은지부터 고민하라

창업 박람회 참석보다 중요한 일

창업 문제로 고민하는 사람들은 대부분 창업이나 부업 관련 박람회, 세미나 등을 전전하는 모습을 보인다. 이 책을 읽고 있는 독자들 중에도 분명 정보 공유 모임이나 창업 세미나 또는 박람회 등에 자주 참석하는 사람이 있을지도 모른다.

하지만 이는 각별히 주의해야 하는 행동이다. 이런저런 모임에 무턱대고 참석하는 모습은 마치 '난 정보가 부족한 사람이에요. 나한테 비싼 상품을 팔아넘기세요!'라고 이마에 써 붙이고 다니는 것과 다름없기 때문이다.

세상에는 돈 버는 방법을 알려준다면서 비싼 수강료를 받아가는 학원이나 흔히 다단계라 불리는 네트워크 마케팅 회사들이 상당수 존재한다.

'○○만 해도 월수입 400만 원 보장!'이라고 광고하는 곳부터 사람들한테 신용카드를 새로 발급받게 한 후 그 카드로 현금서비스를 받아 수강료나 초기 투자비용을 내도록 권유하는 곳, 사업 경험치가 적은 사람한테 매력적으로 들릴 법한 이야기를 하는 등 그야말로 다양한 세미나가 존재한다. 문제는 의외로 이런 광고나 설득에 '잘하면 나도 쉽게 돈을 벌 수 있겠구나!' 하고 혹하는 사람들이 많다는 점이다.

어떤 학원에 다니건 어느 사업에 참여하건 그건 여러분의 자유의사에 달린 문제다. 하지만 '이 세상에 그렇게 쉽고, 편하게 성공을 보장해주는 달콤한 사업은 매우 드물다'는 사실만은 꼭 기억했으면 한다.

'어디 빨리 돈 벌 수 있는 좋은 정보 없나?'
'누군가 돈벌이가 될 만한 기막힌 방법을 알고 있지 않을까?'
'누가 좀 쉽게 가는 길을 알려줬으면 좋겠다.'

들뜬 마음으로 세미나나 박람회 등을 이리저리 헤매고 다니는 일은 이러한 바람을 안고 외부에서 보물을 찾으러 다니는 것이나 마찬가지다. 다시 한 번 강조하지만 그 어디에도 손쉽게 재미를 보게 해줄 꿀 같은 정보는 숨어 있지 않다.

정말 창업을 하고 싶은 바람이 있다면 먼저 나 자신과 마주봐야 한다. '내가 정말 하고 싶은 일은 뭘까?', '나는 뭘 할 수 있을까?' 등등 본인에 대해 철저히 생각해보는 시간부터 갖길 바란다. 정보 수집은 그 후에 본격적으로 해도 늦지 않는다.

꿈이나 계획을 '종이'에 적어보자

부업으로 시작하는 소소한 사업을 성공시키기 위해서는 먼저 나의 내면을 솔직히 들여다보는 과정부터 시작해야 한다.

'무엇을 위해 그 일을 하고자 하는 걸까?'
'손에 넣고 싶은 목표는 뭐지?'
'내가 할 수 있는 일과 할 수 없는 일은 무엇일까?'

이런 식으로 자기 자신한테 질문을 던지면서 답을 생각하다 보면 고민의 결과가 사업 아이디어로 이어지기도 한다.

새로운 미래를 준비하고, 꽉 막힌 듯한 현실에 변화를 주고 싶은데 무엇을 하고 싶은지 잘 모르겠다면 여러분의 꿈은 현재 드림 킬러에 의해 가려져 있을 가능성이 크다. 이 상태를 벗어나려면 꿈을 말이나 이미지로 표현해 눈에 보이게끔 만드는 과정이 필요하다. 여기서 중요한 포인트는 '종이에 확실히 적어야 한다'는 점이다.

누구든지 크건 작건 원하는 목표나 도전하고 싶은 희망을 지니고 있다. 하지만 그저 생각에서 멈추면 드림 킬러들이 그 꿈을 망가뜨릴 위험성이 크다. 꿈을 깨뜨리지 않기 위해서는 종이에 그것을 옮겨 적고 항상 눈으로 바라보며 새롭게 환기하는 일이 중요하다.

이때 컴퓨터나 스마트폰 등을 사용하기보다는 종이에 직접 손으로 쓰는 편이 훨씬 효과가 좋다. 컴퓨터나 IT기기를 사용하면 잠깐은 편할 수 있지만 좀처럼 머릿속 이미지를 확장시키기 힘들기 때문이다. 상세하게 기록하거나 깔끔하게 정리하지 않아도 괜찮으니 꼭 종이에 손으로 써보도록 하자.

이때 꿈을 기록할 종이는 어떤 것이든 상관없다. 노트에 적어도 좋고 이면지를 활용해도 된다. 포스트잇에 적어 눈에 띄는 곳에 붙여놔도 좋다. 자유롭게 생각을 펼쳐보는 과정 자체가 중요하다.

① 하고 싶은 일 적어보기

지금부터는 내가 원하는 일을 종이에 어떻게 기록하면 되는지 실제 활용할 수 있는 방법을 자세히 살펴보도록 하자. 제시하는 순서대로만 따라가면 누구나 쉽게 해낼 수 있다.

먼저 평소 '이 사람처럼 되고 싶다'고 동경해왔던 경영인이나 유명

인사가 있는지 한번 생각해보자. 혹은 '이런 사업을 한번 해보고 싶다'고 생각했던 일도 상관없다. 현재 그 일을 하고 있는 인물이나 회사를 떠올려도 무방하다.

만약 현재 목표로 삼을 만한 롤 모델이나 본보기가 될 회사를 알고 있다면 이제 그들을 따라 할 방법을 고민해보자.

"따라 해보라고 하지만 수준이 전혀 달라서 엄두가 안 나요."

물론 지극히 당연한 걱정이다. 아마 모든 면을 따라 하는 것은 어려울지도 모른다. 그러니 본받고 싶은 인물이나 회사의 일부분만 따라 해보려고 노력하면 된다.

예를 들어 목표로 삼은 인물이 '학원'을 운영하는 사람이라고 가정해보자. 이런 경우 그 사람과 똑같이 하겠다고 지금 당장 강의실로 이용할 사무실을 빌리거나 가구 등을 구입하는 것은 현실적으로 매우 어려운 일이다. 그렇다면 우선 스터디 카페 같은 장소를 이용해 부업으로 개인교습을 해보면 어떨까? 이 정도라면 어떻게든 가능한 수준이지 않은가.

이처럼 본보기로 삼은 인물이나 회사가 현재 하고 있는 사업을 들여다보면서 나의 현재 상황에서 실행할 수 있을 법한 작은 요소들을 찾고 이를 종이에 적어본다.

하고 싶은 일이나 되고 싶은 모습을 그려볼 때 꼭 하나부터 열까지 모든 부분을 혼자서 고민할 필요는 없다. 과도한 고민은 오히려 금물이다. 롤 모델로 삼고 싶은 인물이나 이미 성공한 사람의 행동을 따라 하는 편이 훨씬 효율적이면서도 바람직한 결론이 나기 때문이다.

지금까지 살면서 다양한 분야를 어떻게 배워왔는지를 한번 떠올려 보자. 보통 선생님의 가르침이나 교과서 내용을 따라 하는 것에서 배움은 시작된다. 게다가 어렸을 적에는 텔레비전이나 만화 속 주인공처럼 동경하는 대상을 숱하게 흉내 내기도 했다. 이러한 점은 사업에 있어서도 마찬가지다. 누군가를 따라 하는 방식은 사업을 시작하고 배우는 가장 빠른 길이 된다.

하고 싶은 일에서 사업에 대한 아이디어를 찾을 때도 굳이 남다르게 해야겠다고 생각할 필요는 없다. 나만이 할 수 있는, 독창적인 사업을 만들겠다는 의욕이 너무 앞서면 아무래도 이 세상에 없거나 눈에 확 띄는 독특한 무언가를 찾아내는 데 집착하게 된다.

하지만 처음부터 그런 사업을 만들겠다고 마음먹으면 창업의 진입 장벽은 점점 높아지고 만다.

그러니 우선은 평범하고 흔한 아이디어에서 출발하는 편이 바람직하다. 어디서든 볼 수 있고 많은 사람이 떠올릴 법한 사업이어도 전혀 상관없다. 일단은 하고 싶은 일이라면 뭐든 생각나는 대로 종이에 적도록 하자.

② 좋아하는 일 적어보기

이제 하고 싶은 일에 이어서 다음 질문에 대한 답을 생각해보자.

내가 좋아하는 일은 대체 무엇일까? 앞서 손으로 써본 '하고 싶은 일'은 내가 '좋아하는 일'과 어떠한 관계가 있을까? 하고 싶은 일이 곧 좋아하는 일인 사람도 있는 반면 두 가지 일이 전혀 연결되지 않는 사람도 있을 수 있다.

어느 쪽이든 사실 크게 상관없다. 일단은 그저 자신이 좋아하는 것을 한번 소리 내어 말해보자. 그 다음 그것을 다시 종이에 옮겨 적으면 된다.

보통 누구나 한두 가지는 좋아하는 일이 있다.

독서부터 스포츠 관람, 심리학, 무언가를 배우는 그 자체, 글쓰기 등 '좋아하는 일'의 범위는 매우 넓고 다양하다.

하고 싶은 일과 좋아하는 일이 같은 사람은 군이 생각을 확장시키지 않아도 된다. 반면 둘이 일치하지 않을 경우에는 본인이 좋아하는 일이나 좋아하는 일의 핵심 요소를 하고 싶은 일과 연결 짓는 방법을 고민해보도록 하자.

③ 좀더 현실적인 업종으로 설명 바꾸기

이를테면 영어 학원을 운영하고 싶은데 마침 본인이 영어에 굉장히 능숙하며 가르치는 일을 좋아하는 상황이라면 더 이상 고민할 필요가 없다. 하지만 만약 하고 싶은 일은 영어 학원인데 좋아하는 일은 마라 톤이라면 '마라톤'의 장점을 '영어 학원'에 도입할 방법을 생각해보는 것이다.

'나는 마라톤의 어떤 면을 좋아하는 걸까?'
'나는 왜 쭉 마라톤을 하고 있을까?'

이런 질문을 계속해서 던지다 보면 좋아하는 이유가 무엇인지 깨닫는 순간이 온다.

나와의 싸움에서 이겼을 때 느껴지는 성취감이나 생각을 비우게 해주는 점, 눈에 보이는 성과, 몸을 한껏 움직이면서 느껴지는 개운함 등 마라톤을 좋아하는 이유는 다양하다.

이제 이렇게 분석한 마라톤의 장점을 영어 학원에 접목시키면 된다.

수강생들을 그룹으로 나눈 후 릴레이 마라톤처럼 영어 단어 입력 게임을 하거나 장시간 회화에 도전해보는 것도 가능하다.

아니면 1년에 한번 실제로 수강생들과 함께 마라톤 대회에 참가하는 이벤트를 준비하는 것도 재밌을지 모른다. 가장 빨리 결승선을 통과한 사람 또는 완주한 사람을 위해 부상을 준비해도 좋겠다.

이처럼 하고 싶은 일과 좋아하는 일을 자연스레 연결 지으면 된다. 여기까지 잘 따라왔다면 이제 다음 단계로 넘어가보자.

④ 잘하는 일 적어보기

하고 싶은 일과 좋아하는 일에 이어서 내가 잘하는 일은 과연 무엇일까?

'잘하는 일'이라는 말에 대답하기가 어렵게 느껴질지도 모르겠다. 답이 쉽게 나오지 않는 사람도 적지 않을 듯하다.

그렇다면 먼저 '잘하는 것'의 정의를 두 가지로 나누어 생각해보자.

첫 번째 정의는 '취미나 직업을 통해 몸에 익힌 기술'이다. 배우고 연습하고 항상 사용해서 다른 사람보다 수월하게 할 수 있다고 느끼는 기술을 의미한다.

두 번째 정의는 '태생적으로 능숙하게 잘하는 일'이다. 딱히 연습한 적도 없는데 어떠한 어려움도 없이 해낼 수 있는 일이자 남을 기쁘게 만들거나 놀라게 하는 기술을 의미한다.

'잘하는 것'은 꼭 남에게 자랑할 만한 수준이 아니어도 좋고 굉장히 사소한 능력이어도 상관없다.

계산이 특기인 사람이 있는가 하면 남의 말에 공감을 잘하는 사람도 있다. 마치 가족처럼 타인의 이야기를 잘 들어주는 사람도 있고, 무엇이든 잘 찾아내는 사람도 있으며, 새로운 가게가 생기면 무슨 일이 있어도 반드시 구경하러 가는 사람, 기댈 수 있고 모두의 중심에서 항상 리더의 역할을 맡게 되는 사람도 있다.

이처럼 스스로 의식해본 적은 없지만 왠지 남보다 좀 더 능숙하게 할 수 있는 일이나 나도 모르게 저절로 하고 있는 일이 바로 나의 '재능'이다. 특히 좋아하는 일을 할 때는 무의식중에 재능이 발휘되는 경우가 많다.

'취미나 직업을 통해 몸에 익힌 기술'과 '재능'을 합치면 '내가 진짜로 잘하는 일' 즉, 나만의 강점이 된다. 이런 강점이야말로 내가 하고자 하는 사업의 핵심이자 경쟁력의 원천으로 작용할 수 있다.

강점이란 평소 특별히 의식하지 않고도 자연스럽게 되는 일이기 때문에 좀처럼 발견하기가 쉽지 않은 법이다. 하지만 누구나 반드시 자신만의 강점을 가지고 있다. 그러니 스스로를 믿고 끈기 있게 찾아보기 바란다.

사업을 시작하는 데 있어서 혼자 고민하기보다는 타인이 이미 성공시킨 방법을 참고로 삼아 토대를 잡고 여기에 본인이 하고 싶은 일과 강점을 융합하여 변화를 주는 편이 바람직하다. 이렇게 만들어낸 아이디어를 본인만의 사업 아이템으로 성장시키면 된다.

우선 '하고 싶은 일과 좋아하는 일, 잘하는 일(기술과 재능)'을 종이에 적어보자.

이를 바탕으로 어떤 일을 할 수 있을지 사업 아이디어를 통합하고 정리하면 된다. 이렇게 작성한 종이는 여러분의 꿈을 이루어줄 사업 계획서의 원형이 되어줄 것이다.

미래를 밝혀줄 과거 돌아보기

'이런 저런 내용을 써보려고 해도 말처럼 쉽지가 않은데⋯⋯.'

분명 이런 생각이 들 수도 있다.

아무리 생각해봐도 하고 싶은 일이 뭔지 모르겠고, 특별히 잘하는 일도 없다고 느껴질 때 더욱 그렇다. 그런 상태에 빠진 사람에게는 '인생 샅샅이 살펴보기'를 추천한다. 지금껏 살아온 인생에서 과거의 경험을 돌이켜보는 방법이다.

우리는 바쁜 일상은 물론이고 하지 않으면 안 되는 일과 해야만 하는 일에 치여 쫓기듯 살아간다. 그러니 평소 진정한 자신과 마주볼 기회가 극히 적을 수밖에 없다. 결국 자신이 무엇을 좋아하거나 잘하는지도 알지 못하고 무언가를 극복했던 경험과 여러 소중한 기억들을 잊은 채 살아가는 경우가 많다.

지금껏 살아온 인생을 살펴보고 과거의 경험을 돌아보는 일은 내 안에 잠재된 무언가를 발견하고 사업으로 이어질 만한 어떠한 힌트를 찾는 계기가 되어 줄 것이다.

　인생을 샅샅이 훑어보면서 과거의 경험을 돌이켜볼 때에는 가장 먼저 어린 시절부터 회상해보자.

　초등학교와 중학교, 고등학교 시절을 중심으로 좋아했던 일이나 몸에 익힌 기술과 지식, 눈에 띄던 재능을 떠올려본다.

　다음으로는 사회인이 된 이후의 모습을 떠올린다. 능력이나 재능은 물론이고 가장 칭찬받았던 일이나 여태까지 했던 것 중 가장 큰 실수, 현재 다니는 회사를 지원하게 된 동기 등 다양한 기억을 더듬어보자.

　나는 살면서 어떤 경험을 쌓아 왔을까? 무엇을 하고 싶어 하고 어떤 직업을 갖고 싶다 생각했을까?

　또한 일적인 부분만이 아니라 개인적인 시간은 어떻게 보내 왔는지도 떠올려 보자.

　사람은 보통 좋아하는 일에 돈과 시간을 소비하는 경향이 있다. 그러니 인생에서 지금껏 가장 많은 시간과 돈을 들였던 일이 과연 무엇인지도 생각해보자.

　좋아서 하는 일은 실력이 금세 쑥쑥 늘어난다. 게다가 딱히 노력하지 않아도 그 일을 지속하게 된다. 내 인생에도 그런 무언가가 분명 존재할 테니 조금 시간이 걸리더라도 차근차근 떠올려보도록 하자.

여러분의 과거 돌아보기는 어땠을까? 하나씩 기억을 더듬어보니 평범하다고만 생각했던 인생도 어쩌면 의외로 파란만장했거나 극적인 요소들이 상당히 많았다는 사실을 깨닫게 됐을지도 모른다.

과거 돌아보기로 떠올린 좋아하는 일과 잘하는 일은 앞으로 시작할 사업의 핵심이 되어줄 것이다. 본인이 진심으로 하고 싶은 일과 과거의 경험을 잘 결합하여 사업 아이디어로 정리해보자.

아주 작은 일부터
시작하라

남이 비웃을 만큼 간단한 일이 핵심

'그래, 회사는 계속 다니면서 먼저 부업부터 시작해보자! 아침저녁 30분씩 들이는 노력이 나중에 창업 성공으로 이어지면 좋겠어!'

이렇게 앞을 향해 나아가고자 긍정적으로 마음을 먹었다 한들 뜻을 이루기 위한 '행동'이 뒤따르지 않으면 결국 당신의 삶에는 아무 것도 시작되지 않는다.

행동을 위한 첫걸음은 '하고 싶은 일을 금방이라도 할 수 있을 만큼 작게 나누는 것'에서 시작된다.

새로운 일을 시작하고 그것을 습관으로 만들기 위해서는 가능한 적은 노력을 들여 그 일을 실천할 수 있게끔 만드는 것이 중요하다. 이는 행동심리학에서도 강조하는 이론이다.

반대로 말해서 지금 당장 버리고 싶은 습관이 있을 때는 행동의 시작을 어렵게 만들면 된다.

예를 들어 출퇴근 시간 내내 지하철에서 스마트폰으로 게임하는 습관을 고치고자 하는 사람은 게임 어플리케이션 실행이 쉽지 않도록 조치를 취해두면 된다.

게임을 시작할 때 항상 어플리케이션의 다운로드부터 진행되도록 하면 조치해두면 게임을 시작할 때마다 하나하나 다시 설정해야 하는 상황이 번거로운 나머지 머지않아 게임에 흥미를 잃을 수 있다. 게임을 끝낼 때마다 어플리케이션을 삭제하기만 하면 되는 쉬운 방법이다.

아니면 폴더를 복잡하게 설정해 어플리케이션 실행까지 거치는 과정을 귀찮게 만드는 방법도 있다. 번거로운 경로가 귀찮아 게임하는 횟수를 줄이게 될지도 모른다.

여기서 한 가지 짚고 넘어갈 문제가 있다.

혹시 '간단한 일을 까다롭고 어렵게 하고 있지는 않은가?' 하는 점이다.

부업으로 사업을 시작하려 할 때 앞서 예를 든 게임 습관을 고치는 방법처럼 혹시 '일부러 과정을 어렵게 만드는 쪽'으로 행동하고 있지는 않은지 한번 살펴보자.

'사업계획서를 작성해야겠는데 어디서부터 시작하지?'
'시장조사를 세밀하게 해야 할 텐데, 어떻게 해야 할까?'
'홈페이지도 만들어야 되는데…… 공부를 많이 해야 하겠지?'

이런 일은 사업을 하고 있는 나조차도 하기 싫고 어렵게 느껴지는 부분이다. 처음부터 이렇게 어려운 문제를 고민하다보면 당연히 행동이 멈춰서고 만다. 우리가 시작하려는 사업은 직장인의 신분으로 시작하는 부업이다. 작은 규모로 소소하게 시작하고 대출이 필요 없는 것을 전제로 하기 때문에 굳이 세밀한 사업계획서를 만들 필요가 없다.

"사업계획서도 없는 게 무슨 사업이야, 소꿉장난이지!"
누군가 보기에는 분명 그럴지도 모른다. 하지만 소꿉장난이어도 상관없다. 아무런 시도도 하지 않는 것보다는 백번 낫기 때문이다.

꿈을 최대한 작게 분해하라

"사업을 해보려고 마음을 정하긴 했는데……. 어떤 일부터 시작해야 할까요?"

누구나 사업을 시작하기에 앞서 이런 의문을 느낄 수 있다.

하지만 그리 심각하게 고민할 필요는 없다. 누구도 가보지 않았고 아무도 손댄 바 없는 무언가를 시작하려는 것이 아니기 때문이다.

사업을 시작하기 위해서는 가장 먼저 '상품'을 만들어야 한다. 상품이 있고 그것이 팔려야 비로소 사업이 돌아갈 수 있기 때문이다.

부업으로 소소하게 시작하는 사업에는 눈앞에 놓인 2가지 선결과 제가 있다. 상품을 만드는 것과 그 상품으로 첫 수익을 낼 수 있도록 시스템을 정비하는 일이다.

'상품이라……. 난 바닷가에 멋진 카페를 열고 싶어. 손님들이 편하게 쉴 수 있는 공간을 만드는 거지. 커피 맛이 좋아야 하고, 점심 메뉴로는 유기농 채소와 셰프가 만든 특별한 파스타를 저렴한 가격에 제공하는 거야! 그리고 빠른 시간 안에 다른 곳에도 2호점을 열어서…….'

일단 사업을 시작하기 전에는 이처럼 꿈이 점점 부풀고 확장될 수 있다. 하지만 꿈이 너무 크거나 지나치게 앞서가면 행동하기는 더욱 어려워지니 주의가 필요하다.

예전에 나와의 상담을 원했던 고객 중에는 이런 꿈을 지닌 사람이 있었다.

"마을과 가까운 산을 구입해 자연체험의 기회를 제공하는 사업을 시작하고 싶어요!"

하지만 산을 구입할만한 자금이 전혀 없는 상태에서 그런 사업을 시작하기는 상당히 어려운 일이다.

무엇보다 '산을 사겠다'는 계획은 너무나도 원대하다. 회사원으로 부업을 시작하는 단계에서는 걸맞지 않은 규모다. 그러니 갑자기 '산을 구입한다'에서 시작할 게 아니라 자연체험캠프를 주최하는 이벤트 사업으로 계획을 전환하면 어떨까? 자연체험캠프 정도라면 현재 상황에서도 바로 실행에 옮길 수 있을 것이다.

한번은 '요리 레시피를 제공하는 포털 사이트를 만들고 싶다'며 찾아온 사람도 있었다. 그는 '쿡패드(일본 최대의 레시피 검색 포털 사이트 — 옮긴이 주)가 자신의 경쟁상대라며 사업에 대해 아주 의욕적인 모습을 보여주었다.

하지만 포털 사이트를 새로 구축한다는 것은 막대한 자금과 노동력이 필요한 만큼 그는 자신이 원하는 사업을 향해 단 한 발짝도 내딛지 못하는 상태였다.

앞으로 나아가려면 처음부터 쿡패드 같은 거대한 포털 사이트를 만들려 들기보다는 블로그나 페이스북, 인스타그램 등의 계정을 만든

후 그곳에 자신이 만든 요리 사진이나 레시피를 올리는 것부터 시작하는 편이 훨씬 현명하다. 이런 방법이라면 당장 오늘부터라도 실행에 옮길 수 있다.

그런 후 사업이 어느 정도 궤도에 오르면 포스팅한 내용을 정리하거나 가공하는 방식으로 다음 단계를 구상하면 된다.

가장 간단한 사업을
시작하라

나의 과거에서 찾는 사업 힌트

부업으로 사업을 시작하고자 찾아오는 고객에게 나는 항상 이렇게 조언한다.

"자신의 과거를 돌아보며 힌트를 얻으세요. 아니면 현재 본인이 지닌 고민이나 문제를 해결할 수 있는 서비스를 생각해 사업의 출발점으로 삼는 것이 제일 간단합니다."

아무리 애써도 본인을 중심으로 한 아이디어가 떠오르지 않는다면 이웃의 고민이나 문제로 범위를 확대해서 생각해보자. 본인과 거리가 먼 사람이나 별로 관계가 없는 분야를 대상으로 삼는 것은 바람직하지 않다.

이런 제약을 둔 뒤에 아침저녁 30분이나 출퇴근 시간 동안에 처리할 수 있는 사업이 있는지, 컴퓨터 한 대 또는 스마트폰으로 할 수 있는 사업은 무엇일지 찾아보도록 한다.

가령 앞에서 언급한 자연체험 사업의 경우에는 자연체험을 통해 얻게 되는 장점을 블로그에 정보로 정리해 올리는 방법을 고민해볼 수 있다.

자연체험을 알리고자 하는 이유를 글로 전하면 그 글에 공감하는 사람이 나타나기도 한다.

'인간관계에 지쳤을 때 자연을 접하니 기분이 편안해졌다.'
'자연에서 기운을 얻고 긍정적인 마음을 되찾을 수 있었다.'

지속적으로 올리는 글을 통해 자연체험 자체에 관심을 보이는 사람도 생길 수 있다. 이것은 곧 내게 사업 기회가 되는 셈이다.

블로그나 페이스북에 글을 올리는 정도는 아침저녁 30분으로 가능한 일이며 지금 당장 시작하기에도 적합하다. 또한 막대한 비용을 투입해 산을 구입할 필요도 없다. 자연체험캠프는 한 달에 한 번, 주말의 하루를 할애하면 어떻게든 진행할 수 있을 것이다.

경험을 전하는 사업의 3가지 장점

부업을 시도하고 싶은 마음은 굴뚝같은데 도대체 무엇을 하면 좋을지 아이디어가 떠오르지 않는다며 고민하는 사람도 많다. 이럴 때 가장 추천하는 아이템이 바로 앞서 잠시 언급한 '본인의 경험이나 체험을 전달'하는 사업 방식이다.

경험이나 체험을 전달하는 방식의 사업은 크게 3가지 장점을 지니고 있다.

첫 번째, 본인의 경험과 체험을 바탕으로 하는 만큼 전달이 쉽다.

이제부터 무언가 새로이 시작하려는 사람에게 여러분의 경험담은 아주 가치 있는 정보가 된다. 이미 경험한 사람은 그 길을 걷게 되면서 생길 걱정거리부터 실수하기 쉬운 부분과 그에 대한 대책까지 훤히 알고 있기 때문이다.

누군가에게 유용하게 쓰일 나만의 정보를 잘만 정리하면 굳이 창업을 위해 공부를 더 하거나 자격증을 따지 않아도 정보를 전하는 일이 곧 사업으로 이어지게 된다.

공부나 책을 통해 얻은 지식은 아무래도 설득력 없는 탁상공론이 되기 쉽다. 본인의 경험이나 실패담 혹은 극복해온 과정을 전해야만 고객의 가슴에 전달되고 이에 공감한 고객들이 충성 고객이 되면서 어엿한 사업으로 발돋움할 수 있다.

두 번째, 공감이 되는 이야기인 만큼 고객의 만족도가 높고 수입도 증가한다.

경험이나 체험을 전하는 사업을 하면 고객의 마음을 너무나 잘 알기 때문에 공감 능력이 뛰어난 강사가 될 수 있다.

현재 고객이 느끼는 불안은 내가 과거에 느꼈던 불안과 유사한 점이 많다. 따라서 고객의 말에 깊이 공감할 수 있으며 고객 역시 그런 나의 말에 공감을 보이게 된다. 고객의 소리를 직접 듣는 위치에 있다 보면 항상 감사하는 마음이 들고 보람을 느끼며 사업을 할 수 있다.

인터넷을 활용한다거나 유튜브 등의 영상물 혹은 책을 출판하는 방식으로 이야기를 효과적으로 전할 방법을 궁리하면 보다 많은 사람에게 정보를 제공할 수 있고 동시에 수입의 증대도 꾀하게 된다.

게다가 가르치는 입장인 강사업은 영업이 필요 없다는 최대의 장점도 지니고 있다. 또 단순히 물건을 파는 게 아니라 도움을 전달하는 만큼 정신적으로도 건강한 삶을 살게 된다.

셋째, 나만의 경험인 만큼 경쟁 상대가 적다.

나의 경험담을 공유하는 사업이다 보니 그 경험에 대해 나보다 더 잘 아는 사람은 드물 수밖에 없다.

물론 비슷한 경험을 한 사람이 꽤 많을지도 모른다. 하지만 느낀 점이나 후회하는 부분처럼 '본인만의 독자적인 정보'를 곁들이고 전달

대상이 될 고객층을 알맞게 선정하면 경쟁력은 충분히 확보된다.

경쟁 상대가 많은 시장에서는 매출도 좀처럼 안정되지 않고 수익을 내기 힘들다. 하지만 나만의 경험이나 체험을 토대로 한 사업은 처음부터 경쟁상대가 거의 없는 블루오션의 이점을 누리며 수익을 낼 수 있다.

사업에 대한 아이디어가 전혀 떠오르지 않는 사람은 이것저것 고민하기에 앞서 '타인에게 전하고픈 본인만의 경험'이 있는지 고민해보기 바란다.

⏱ 30 min 결코 실패를
두려워하지 마라

직장은 그대로 다니면서 아침저녁으로 30분씩만 부업의 형태로 사업을 시작하자. 그리고 이 사업이 자리를 잡으면 자연스럽게 창업으로 이어지는 방식인 만큼 사실 이 창업에 대한 리스크는 거의 없다고 봐도 무방하다. 하지만 그럼에도 불구하고 극도로 실패를 두려워하는 사람이 있다.

확실히 회사를 그만두고 독립한다면 '실패'란 있는 힘을 다해 피해야 하는 존재가 맞다. 하지만 여기에는 '사업을 위한 연습'의 의미도 담고 있는 만큼 소규모 부업에서 겪는 실패는 오히려 귀중한 경험이자 자산이 된다고 해도 과언이 아니다. 만약 몇 십만 원 정도 손해를 본다고 해도 그로 인해 당장의 생활이 위태로워지지는 않는다. 그러니 좀 더 마음을 편하게 먹고 시도하는 것이 좋다.

어떤 일을 하건 처음부터 갑자기 사업이 잘되는 경우는 매우 드물다. 그러니 PDCA 기법(Plan-Do-Check-Act: 계획-실행-평가-개선의 4단계를 반복하여 업무를 지속적으로 개선하는 사업 관리 방법 — 옮긴이 주)을 활용해 어떤 이유로 잘 되지 않았는지를 검증하고 개선을 반복하면서 소중한 실패 경험을 효과적으로 활용해야 한다.

사실 창업을 한 입장에서 '실패 경험담'처럼 구미 당기는 화제는 없다. 창업한 사람끼리 모여서 이야기를 나눌 때나 세미나를 할 때도 쌓인 실패담이 많을수록 얘깃거리가 많아진다.

생각한 바를 계속 행동으로 옮기면서 새로운 경험을 쌓고 있는 창업가의 입장에서 봤을 때 말만 번지레하게 하면서 본인은 정작 아무것도 하지 않는 사람의 이야기는 전혀 흥미롭게 느껴지지 않는다.

경험자의 말에서 적절한 조언을 간파해내기 위해서라도 '일부러 실패한다'고 생각하며 적극적으로 움직이도록 하자.

자금의 사용을
재검토하라

불필요한 투자 자제하기

직장인의 신분으로 부업을 하는 동안에는 특별히 걱정할 일이 없지만 막상 회사를 그만두면 적금을 비롯한 현금밖에는 의지할 곳이 없어진다.

특히 독립 1년차 때는 현금을 필요로 하는 일이 상당히 많다. 전년 소득에 대한 세금도 그렇고 예상치 못한 지출이 이어진다. 물론 지금까지 매달 입금되던 월급은 더 이상 들어오지 않는 상태. 지불할 돈은 보통 선불이 많은데 혹시 매출이 발생해도 빠르면 1개월, 외상이나 어음 매출 같은 경우에는 3개월 후에나 회수되는 게 현실이다.

"앗! 큰일이다. 잔고가 부족해!"

미처 몰랐거나 잠시 방심하는 사이에 은행 잔고가 모자라는 상황이 비일비재하게 발생하게 된다.

회사를 그만둘 계획이 있을 경우에는 지금까지는 크게 신경 쓰지 않고 넘어갔던 '돈과 관련된 리스크'에 대비해야 한다.

부업 단계에서부터 자금 관리와 투자처 판단에 대해 확실히 익혀두지 않으면 막상 독립했을 때 모처럼 찾아온 사업 기회를 날려버릴 위험도 있고 생활마저 위태로워질 수 있다.

'자금 관리'라고 하면 재무 같은 영역을 전혀 경험해보지 못해 걱정부터 앞서는 사람들이 많을 법하다.

하지만 그렇게 어려운 이야기가 전혀 아니니 안심해도 된다. 그저 돈이 들어오고 나가는 시점의 차이를 파악하고 경비를 쓸데없는 곳에 허비하지 않도록 의식하면서 사용한다는 원칙에만 집중하면 된다.

창업을 고려하는 직장인 중에는 인맥을 만든다는 이유로 거의 매주 타 업종 종사자들 모임이나 회식에 참석하는 사람들이 있다. 아니면 공부가 부족하다며 자격증을 따기 위해 거금을 쏟아 붓는 사람도 많다. 수십만 원씩 내고 창업 수업을 듣는 것도 예비 창업자들이 흔히 하는 행동 중 하나다.

자격증 공부나 창업 학원, 타 업종 종사자들의 모임이 꼭 나쁘다는 말은 아니다. 어쨌든 투자한 만큼 수익이 돌아오거나 돈의 형태가 아니더라도 어떠한 성과를 얻게 되면 별 문제가 안 되지만 만약 그렇지 않은 경우에는 결국 쓸모없는 시간 낭비와 경비 지출이 되고 만다.

돈을 들여 배운 무언가가 어떤 방식이건 이익이 되어 돌아오지 않는다면 투자를 그만두는 쪽으로 결단을 내리는 것도 매우 중요하다.

특히 참가에 의의를 둘 뿐 구체적인 행동으로 옮기지 않는 사람들의 모임은 그저 서로 꿈을 이야기하는 데서 그치는 '긍정적인 술자리'가 되기 쉽다. 이런 식으로 사업에는 사실 전혀 도움이 되지 않는 모임이 주변에는 꽤나 많다.

한 번 참석하는 비용은 적을지 모르지만 이런 돈이 쌓이고 쌓이면 제법 규모가 커진다. 원래의 계획대로라면 창업 준비에 써야 할 자금을 허비하는 꼴이기도 하다.

심지어 창업을 준비한다는 목적으로 모인 모임에도 반드시 드림 킬러들이 섞여 있곤 한다. 드림 킬러들은 '어렵지 않을까?'라는 말을 입에 달고 다니면서 주로 주변 사람을 부정하고 비판한다. 자신도 창업에 관한한 걸음마 수준이면서 충고하기를 아주 좋아하고 '그건 너무 무리 아닐까?'라면서 꿈의 싹을 잘라버리는 사람도 존재한다.

그런 장소는 여러분이 갈만한 곳이 아니다. 꿈을 이루기 위해 필요한 것에만 집중해서 투자하도록 확실한 판단이 필요하다.

투자와 낭비의 차이

　나만의 사업을 꾸린다는 것은 본인과 사업에 특정 요소를 투자하고 그것으로부터 어떤 이익 또는 수익을 얻는 일이기도 하다. 이것이 창업의 투자적인 측면이고 창업을 하는 순간부터 여러분은 일종의 투자가가 되는 것이다.

　창업도 투자이기 때문에 수익으로 이어지지 않는 부분에는 돈을 들여도 의미가 없다.

　예를 들어 부업을 위해 사무실을 빌리는 사람이 있는데 그렇게 빌린 사무실이 수익 향상에 결정적인 역할을 한다면 또 모를까 오히려 고정비가 늘어 경영에 부담이 생길 뿐이라면 그 투자는 결국 아무 의미 없는 일이 되고 만다. 따라서 사업을 할 때는 어디에 돈을 써야 할지 심사숙고하여 '투자'를 진행하도록 하자.

　부업으로 얻은 이익을 쉽게 소비에 써버리는 것도 초기 사업자들이 자주 저지르는 실수 중 하나다. 수입이 생기면서부터 고급 승용차를 렌트하거나 해외여행을 가는 등 부업으로 번 돈을 생활수준을 높이는 데 바로바로 소비하는 사람들이 있다.

　우리는 현재 어디까지나 직장인의 신분으로 부업을 하는 입장이다. 그러니 부업으로 발생한 이익은 사업에 재투자하여 독립을 위한 사업 성장을 꾀하는 편이 훨씬 현명한 선택이다.

소중한 자금은 잠재 고객을 늘리기 위한 광고나 홈페이지 정비, 사업 확대에 필요한 설비 구입 등 앞으로의 사업에 도움이 될 만한 곳에 투자해야 한다는 점을 절대 잊지 말자.

사업 설립에 필요한 자금이란?

사업을 시작할 때 투입되는 비용을 '초기 투자금'이라고 하는데 보통 초기 투자금은 사업의 종류와 규모에 따라 크게 달라진다.

부업으로 소소하게 시작하는 사업의 경우에는 거금을 들이지 않는 것을 전제로 하지만 만약 선택한 사업이 꼭 점포가 필요한 경우라면 월세나 인테리어 비용 등을 추가로 투입해야만 한다. 또한 물건을 생산하거나 일정 재고를 확보해야 하는 유통 분야라면 그만큼의 제작비, 상품 구입비용에 창고 대여료가 추가될 가능성이 높아진다.

따라서 적은 돈으로 리스크 없이 사업을 시작하고 싶은 사람에게는 앞서 가장 간단한 사업으로 소개한 바 있는 '나만의 경험을 전하는 사업'이 무엇보다 적합하다.

특히 사업 방향성에 있어 결정적인 아이템이 없는 경우에는 우선 본인이 경험한 바를 전하는 부업으로 시작해서 어느 정도 익숙해진 다음에 차차 다른 분야로 옮겨가는 방법도 추천한다.

경험을 전하는 사업의 경우 사무적인 업무들은 집에서도 처리가 가능하다.

이미 컴퓨터나 프린터가 있는 경우라면 그 외에 휴대폰 요금이나 인터넷 요금, 복사 용지를 비롯한 사무용품 구입비 정도만 있으면 된다. 홈페이지도 시작 단계에서는 무료 서비스를 이용해서 간단히 해결할 수 있다. 보통은 사적인 용도로 흔히 사용하는 여러 플랫폼을 활용하면 비용을 거의 들이지 않고도 나만의 사업을 시작할 수 있다는 점을 기억하자.

시간을 효과적으로 활용하라

하지 않을 것부터 정하라

회사를 그만두면 시간적 여유가 생길 수 있겠지만 회사를 그만두기 전까지 부업을 병행하는 기간에는 아무래도 시간이 부족할 수밖에 없다. 그래도 회사를 다니는 동안 최대한 업무와 시간을 효율적으로 관리해 본격적인 창업에 앞서 여러 가지 필요한 준비를 하거나 연습에 활용하는 것이 바람직하다.

또한 다시 한 번 강조하지만 회사에 다니면서 창업을 준비한다고 회사 일을 등한시하거나 무책임하게 처리하라는 것은 아니다. 안정된 월급을 받는 만큼 거기에 부합하는 최선의 역할은 책임질 수 있어야 한다. 그런 맥락으로 업무에 지장을 주지 않는 한도 내에서 시간 관리를 확실히 습관화하면서 계속 부업을 이어가다 보면 분명 창업의 길도 열리게 된다.

'말이야 간단하지만……. 매일 회사 일만 해도 스트레스가 장난 아닌데…….'
'회사에 다니면서 퇴근 후에는 자기 사업을 한다고? 말만 들어도 엄청 피곤할 것 같아…….'
'매일 녹초가 돼서 집에 오면 자기도 바쁜데…….'

나 역시 비슷한 처지였던 만큼 직장인이 처한 상황과 마음을 충분히 이해한다. 스트레스 받고, 피곤하고, 졸린 것이 당연하다. 지쳤을 때는 부디 충분한 휴식을 취하기 바란다. 창업을 한다고 무리하는 것은 결코 바람직하지 않으며 나도 권하는 바가 아니다.

직장인은 누구나 다양한 일로 인해 늘 시간이 부족할 수밖에 없다.
회사 일이 비교적 바쁘지 않은 편에 속한다 해도 회사에 매여 있는 시간 동안에는 사적인 일처리가 거의 불가능하다. 게다가 다음날 출근이 기다리고 있는 상황에서는 밤 시간 활용도 주저하게 되는 것이 현실이다.
회사에 다니는 이상 아침저녁 30분, 혹시 그걸로 부족하면 주말 한

나절 정도 외에는 시간이 없다. 무엇보다 건강을 챙기고 가족과 보내는 소중한 시간도 있어야 하는 만큼 그 이상의 시간을 부업에 쓰는 것은 결코 간단한 문제가 아니다.

따라서 부업에 필요한 업무는 더욱더 효율적으로 진행해야만 한다.

업무를 효율적으로 처리하기 위해서는 먼저 '해야 할 일 리스트'를 작성하면서 우선순위를 고민하는 과정이 필요하다.

이때 리스트를 작성하며 함께 진행했으면 하는 중요한 작업이 있다. 바로 '하지 말아야 할 일 리스트', 즉 '후순위 리스트'를 만드는 일이다. 후순위란 하지 않아야 할 일에 순서를 정하는 것이라고 보면 된다.

잘 들여다보면 우리의 일상생활은 사실 쓸모없는 일을 처리하는 시간들로 넘쳐난다. 모두에게는 아니더라도 적어도 회사를 다니면서 부업까지 하는 사람한테는 불필요하다고 여겨질 만한 자질구레한 일들이 굉장히 많다. 예를 들어 출퇴근길에 스마트폰으로 계속 게임을 하거나 웹툰, 동영상 등을 보면서 시간을 보내는 행동이 대표적이다.

물론 기분전환용으로 하는 일이라는 점은 잘 알고 있다. 나 또한 게임이나 만화를 굉장히 좋아하고 두 매체를 통해 배우는 부분이 많기도 하다.

하지만 사업을 위해 시간을 짜내야 하는 시기에는 심심풀이로 게임에 소비하는 시간이나 웹툰, 동영상 등을 보며 흘려버리는 시간을 줄

일 필요가 있다. '하릴없이 하는 일들'은 후순위 리스트 중에서도 가장 상위에 위치하는 요소다.

푸념이나 소문, 험담이 주를 이루는 술자리도 의미 없는 시간의 대표적인 예가 될 수 있다. 돈과 시간을 허비해 그저 잠시 시름을 잊는 정도의 생산성 없는 자리와는 하루 빨리 안녕을 고해야 한다. 그런 일로 늦게 귀가하는 대신 그만큼 빨리 자고 개운하게 일어나 다음 날 아침 30분의 업무를 준비하는 편이 바람직하다.

그리고 의외로 간과하기 쉬운 후순위 리스트가 있는데 바로 '사업을 할지 말지 고민하는 시간'이다. 할까, 하지 말까를 고민하는 것은 애초부터 건설적이지 않다. 일단 시작하고 나면 더 많은 고민거리가 기다리니 무의미한 고민 시간을 줄여서 그쪽에 할애하는 편이 훨씬 생산적이다.

'해야 할 일 리스트'를 작성함과 동시에 '하지 말아야 할 일 리스트'를 만들어 일상을 보다 간소하게 만들어야 한다. 양손에 물건을 쥐고 있는 한 새로운 무언가를 움켜쥘 수 없다는 사실을 명심하도록 하자.

과도한 배움을 경계하라

'하지 말아야 할 일 리스트'를 작성했는데도 여전히 바쁘다거나 시간이 없다는 말을 달고 사는 사람들이 있다. 이런 사람들 중 99퍼센트는 '배움'에 소비하는 시간이 과도한 경우가 많다. 어찌 보면 완벽주의라고 볼 수도 있다.

과도한 배움의 예로는 주로 '자격증 취득을 위한 공부'를 들 수 있다. 창업을 하기 위해 꼭 필요한 자격증이면 모르겠지만 대부분은 자격증에 해당하는 기술을 배워 창업하겠다는 마음으로 학원에 다니기 시작한다.

하지만 유감스럽게도 그런 식의 자격증은 사업으로 이어지기가 쉽지 않다. 취득한 자격을 살려 다년간 현장에서 경험을 쌓았다면 또 모르겠지만 이제 막 딴 지 얼마 안 된 자격증은 그저 이론적 지식에 불과하다고 봐야 한다.

창업은 하고 싶지만 실무 경험이 없는 상태이기 때문에 부업이나 창업하기를 단념한 채 결국 이직을 검토하는 사람도 적지 않다.

결과적으로 창업을 향한 첫발을 내딛기까지 다시 몇 년이 걸릴지 모르는 상황이 되어 머지않아 꿈은 서서히 사라지고 만다. 지금껏 이런 과정을 겪는 고객들을 상당히 많이 봐왔다.

민간 자격증은 대부분 돈을 내고 학원에 다니기만 하면 취득할 수 있는 경우가 많지만 그럼에도 귀중한 시간을 상당히 소비하게 된다. 게다가 점점 '기왕 여기까지 공부했으니 끝까지 배워야 하지 않을까? 본전을 찾을 수 있도록 끝까지 해보자'라는 생각이 들면서 한 단계 위의 수업을 신청하거나 다른 자격증 수업을 추가로 신청하는 경우가 있다.

이처럼 일단 돈이나 노력, 시간 등을 투입한 후 그것을 지속하려는 심리 상태를 '매몰비용 효과(sunk cost effect)'라고 한다. 투자한 시간이나 비용을 회수하려는 목적에서 오히려 손실을 더 크게 만드는 오류를 범하는 것이다.

지식을 습득하는 시간이 늘어날수록 사업에 할애할 시간은 점점 줄어들고 만다. 배움을 즐기는 일은 결코 나쁘지 않지만 공부하는 것 자체에 재미를 느낀 나머지 사업 준비에는 손을 대지 않는 경우도 종종 발생한다.

그런데 그렇게 해서 결국 얻게 되는 것은 무엇일까?

사실 본인의 이름이 새겨진 플라스틱 자격증밖에는 없다. 나 말고도 많은 사람들이 똑같이 받는 네모난 자격증 속에 모처럼 깨달았던 나만의 사업 개성이 묻히고 만다.

결론적으로 평소 갖고 다니는 명함 속 회사 이름이 자격증 이름으로 바뀌는 정도일 뿐이다. 공부를 통해 얻고 싶었던 결과가 과연 이런 형태였을지 고민해 봐야 할 문제다.

사람에게 주어지는 시간은 하루 24시간으로 한계가 명확히 정해져 있다. 설령 부업일지라도 회사를 다니면서 사업을 하고자 마음먹었다면 과도한 지식 쌓기에 시간을 쏟기보다는 행동할 수 있는 시간을 확보하는 데 보다 주력하도록 하자.

틈새 시간을 공략하라

직장을 다니면서 사업을 하기 위해서는 매일매일의 생활에 가능한 변화를 주지 않으면서도 어떻게 하면 시간을 확보할 수 있을지 나름의 고민이 필요하다. 하지만 피곤해서 아침에는 가능하면 자고 싶고 밤에는 밤대로 할 일이 산더미 같은 사람도 상당히 많을 것이다.

그런 경우에는 본업을 하는 시간을 침해하지 않는 '틈새 시간'을 적극적으로 활용해보자.

회사를 다니면서도 사업을 시작해 성공하는 사람과 그렇지 못한 사람의 가장 큰 차이점은 바로 틈새 시간을 활용하는 능력에 있다.

성공하는 사람은 아침에 30분씩 일찍 일어나는 것은 물론이고 해야 할 일을 잘게 쪼개서 출퇴근 시간이나 이동 시간, 혹은 점심시간에 틈틈이 처리하고 블로그에 정보를 올리거나 급한 메일을 주고받곤 한다.

집에 돌아온 뒤에는 판촉 활동이나 상품 만들기에 힘을 쏟는 등 짬이 날 때마다 사업에 필요한 준비나 해야 할 일을 척척 해나간다.

그런데 시간이 없다고 불평하는 사람을 보면 사실 시간을 유용하게 활용하지 못하는 경우가 대부분이다. 시간이 뭉텅 비어야만 일에 대한 의욕이 생기는지 틈새 시간에는 거의 행동을 하지 않는다.

바쁘다는 말을 달고 살면서 저녁에 술 한 잔 하는 데는 시간을 꽤 아낌없이 사용하기도 한다. 스마트폰으로 게임에 빠져 있거나, 멍하니 소파에 누워 텔레비전을 보며 적지 않은 시간을 허비하기도 한다. 이런 식으로 해서는 아무리 시간이 지나도 사업이 궤도에 오를 리 없다.

사업에 필요한 업무들은 전부 체크 리스트에 적어 언제든 시간이 날 때마다 이것저것 고민하지 않고도 처리할 수 있게끔 준비해두는 것이 필요하다. '뭘 해야 하지?'라고 고민하는 순간 틈새 시간은 그냥 흘러가버리고 만다.

소셜 네트워크 서비스(SNS)를 적극 활용하라

소통을 위한 창구를 마련하라

부업을 위한 마지막 준비로 사람과 소통할 수 있는 '창구'를 마련해야 한다.

업무를 처리하거나 특히 나만의 사업을 하다보면 여러 사람을 알게되고 인사를 나눌 기회 또한 많아진다. 일반적으로 사람과 처음 만나는 자리에서는 명함을 교환하곤 한다.

그런데 여태껏 적잖이 모아온 명함 더미 속에서 얼굴과 이름이 맞아떨어지는 명함은 과연 몇 장이나 될까? 사실 기억도 나지 않는 경우가 대부분일 것이다. 나 역시 인맥을 위해 창업가 모임에 나갔을 때 돌아오는 전철 안에서 이미 얼굴조차 기억나지 않는 사람들의 명함만 잔뜩 들고 있는 모습에 새삼 놀랐던 기억이 있다.

'나도 상대방한테 기억나지 않는 존재겠지……'

아마 이런 식으로 생각했던 듯하다.

그래도 지금까지는 누군가가 나의 존재를 잊어도 괜찮았을지 모른다. 하지만 앞으로는 가능한 한 '누군지 모를 명함 한 장'의 주인공이 되는 일은 피해야 한다. 부업이라고 해도 엄연히 사업을 꾸려가는 입장이기 때문에 가능하면 역시 인맥은 확실히 유지해두는 편이 바람직하다.

인맥이 중요하다고 해도 사람 이름을 외우는 데 소질이 없거나 용건도 없이 연락하기가 꺼려지는 경우도 분명 있을 수 있다.

이럴 때는 SNS를 이용하면 편리하다. 페이스북이나 트위터, 인스타그램으로 연결되어 있으면 완전히 인연이 끊어지는 상황은 방지하게 된다.

또한 최근에는 명함을 촬영하는 것만으로도 관리가 가능한 다양한 어플도 나와 있는 만큼 인맥 관리에 활용하면 좋다. 물론 무엇보다 현재 단계에서는 'SNS를 활용해 판매를 확대할 방법' 같은 영역에 심각하게 고민할 필요는 없다. 이 부분은 뒤에 가서 다시 자세히 다룰 예정이다. 지금은 그저 계정을 만들고 더욱 많은 사람과 연결되는 일에만 신경 쓰도록 하자.

"회사 사람과 페이스북 친구이다 보니 무서워서 SNS를 못하겠어요!"

간혹 이런 경우도 있을 수 있다. '아는 사람인가?' 해서 클릭했더니 상사의 얼굴이 보이는 경우에는 확실히 깜짝 놀랄 만하다.

만약 부업이 금지되어 있어 본명으로 활동하는 데 문제가 있다면 사업용 가명을 하나 만들어서 SNS를 활용해보자. 트위터처럼 본명이 아니어도 등록 가능한 SNS를 부업에 활용하면 회사 사람들에게 들킬 가능성도 거의 없다.

정보나 홍보 글은 아직 적극적으로 게시하지 않아도 되는 단계이니 일단은 인맥을 쌓기 위한 창구의 역할로써 준비해두면 된다.

스마트폰으로 편하게 포스팅하라

요즘은 누구나 스마트폰을 가지고 생활한다. 스마트폰이나 태블릿이 있으면 언제 어디서든 다양한 작업을 처리할 수 있다. 특히 부업으로 사업을 시작하고자 할 때는 필수라고 할 만한 아이템이다.

스마트폰은 메일을 확인하거나 정보를 수집하는 일은 물론이고 팩스를 보내고, 사진을 찍고 블로그에 글을 쓰는 등의 기본 기능은 물론

금융거래, 물류 관리, 주문 처리 등에도 유용하게 활용 가능한 도구다.

상품 준비가 어느 정도 끝나 고객을 끌어야 할 단계가 오면 정보를 내보내는 일을 시작해야 한다. 최신 정보를 부지런히 올리고 내용을 지속적으로 업데이트하다 보면 고객 입장에서 여러분의 블로그, 홈페이지 등은 신뢰할만한 정보원이 될 수 있다. 한번 그렇게 인식되면 방문자 수는 물론이고 매상 또한 자연히 증가하게 된다.

일단 한번 출근길에 역까지 걸어가는 동안 포스팅할 내용을 고민해보고 전철 안에서 스마트폰으로 글을 작성한 다음 회사 근처에 도착하기 전 글을 올려보자. 이렇게 정해진 시간에 포스팅을 해냈다면 매일 그것을 반복하는 일도 결코 불가능하지 않다. 매일은 너무 빡빡하다면 하루걸러 한 번도 좋고 그마저도 힘든 상황이면 이틀에 한 번씩도 괜찮다. 본인이 가능한 범위 내에서 목표는 얼마든지 낮추어도 상관없다.

다만 중간에 그만두지 말고 조금씩이라도 계속 정보를 올리는 일에 집중하자. 결코 무리해서는 안 되지만 꾸준히 글을 올리는 것이 무엇보다 중요하다는 사실은 항상 염두에 두었으면 한다.

"아니, 하고 싶어도 출근길 노선이 너무 복잡해서 블로그 같은 건 꿈도 못 꿔요. 넘어지지 않도록 중심을 잡는 게 고작인 걸요."

분명 이렇게 말하는 사람도 있을 듯하다. 나도 지하철로 출퇴근을 해봤기 때문에 잘 알고 있다. 멀미를 참는 것만으로도 고역이었으니 말이다.

출퇴근 시간에 포스팅용 글쓰기가 어려운 상황이라면 그 대신 정보 수집에 시간을 활용해볼 수 있다.

덥고 숨 막히는 지하철 안에서는 창의적인 생각 자체가 불가능할 때도 있다. 그런 경우에는 지하철 안에 있는 전광판이나 벽에 붙은 광고를 보면서 현재 어떤 상품이 화제가 되고 있는지, 어떤 광고 문구를 쓰고 있는지 유심히 관찰해보자.

아침에는 신문을 보는 사람도 많으니 1면에 실린 제목을 쓱 훑어보는 것도 좋은 방법이다.

어쩌면 차창 밖으로 거리 풍경을 바라보다가 새로운 발견을 하게 될지도 모를 일이다.

걷다가 매점이 보이면 상품 가격을 어떻게 설정했는지도 참고해볼 수 있다.

퇴근길에 택시나 식당 앞에 늘어선 줄이 어느 정도 되는지를 관찰하면 현재 경기가 어떤지 대략적이나마 느껴지기도 한다.

길을 걷다가도 사람들이 무엇을 바라고 어떤 욕구를 지녔는지 파악하기 위해 노력하다 보면 분명 생활 속 곳곳에서 사업에 도움이 되는 힌트를 얻게 될 것이다.

이렇게 출퇴근 시간을 활용하여 수집한 정보를 바탕으로 점심시간

혹은 잠시 짬이 날 때 블로그에 글을 쓰면 된다.

글쓰기가 나름 특기인 사람은 스마트폰을 이용해 바로바로 글을 쓰면 더욱 시간을 절약할 수 있다. 만약 글쓰기에 자신이 없다면 우선 머릿속으로 글의 구성을 고민해본 다음에 글을 쓰도록 하자. 글이 완성되면 망설이지 말고 바로 블로그에 올리면 된다. 포스팅 하나하나에 굳이 완벽을 추구할 필요는 없다.

아침저녁 30분이라는 시간 외에 이와 같은 틈새 시간도 활용할 수 있게 되면 사업이나 그 준비 과정에 더욱 속도가 붙기 시작한다.

'블로그에 매일 빼먹지 말고 글을 써야지!' 하고 스스로 진입 문턱을 높일 필요는 없다. 오히려 무리가 될 일은 피하는 게 상책이다. 무리하다 보면 일 자체가 괴로워지면서 드림 킬러가 파고들 틈을 내어주게 될지도 모른다.

'어쨌든 아직은 부업이니까 내 페이스대로 가면 돼!'라고 편하게 생각하면서 너무 깊이 고민하지 않는 태도도 매우 중요하다.

좋아하는 장소에서 발견한
작은 아이디어

'태고의 달인'이라는 게임에 대해 들어봤는지 모르겠다. 일본 전통 북 모양으로 만든 기계를 노래에 맞춰 정확하게 치며 점수를 겨루는 게임이다. 벌써 몇 년도 더 지난 일이긴 하지만 한때 이 게임이 방송을 타면서 꽤 유행한 적이 있었다.

특히 중학생, 고등학생 사이에서 유행이 번지다가 급기야 '태고용 북채'에 집착하는 사람들이 생겨났다. 북채를 직접 만들어서 게임을 하는 무리들이 생긴 것이다.

어느 날 직장인 A는 퇴근하는 길에 게임이나 한판 하고 가려고 즐겨 찾는 게임장에 들렀다가 이 광경을 목격하게 되었다. 직접 만든 북채를 보고 '이거다!' 싶었던 A는 며칠 동안 여러 게임 센터를 전전하면서 사람들이 게임하는 모습을 관찰하기 시작했다.

'정말 좋은 사업 아이템이 되겠는 걸?'

그렇게 확신한 A는 장인에게 북채 제작을 부탁한 후 인터넷을 통해 판매하기 시작했다. A가 만든 상품은 꽤 히트를 쳤고 그 결과 매월 20만 엔(약 200만 원) 정도의 매출을 올리게 되었다고 한다.

A의 이야기는 평소 좋아하던 일에서 작은 사업 아이디어를 발견해 낸 좋은 사례라고 할 수 있다. A의 경우를 롤모델 삼아 우선 좋아하는 일을 시작으로 자신의 주변에서 소소한 사업 아이디어를 찾아보면 어떨까? 그 아이디어로 수익을 얻어 조금씩 사업 규모를 키워 가면 된다.

처음부터 너무 목표를 크게 잡으면 성공하기 힘들다. 좀 더 마음을 내려놓고 일단 규모를 작게 생각했으면 한다.

한국에서 창업에 성공한 원인 vs 실패한 원인

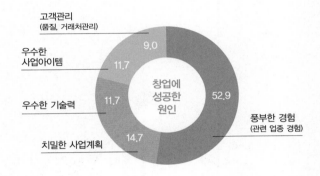

고객관리
(품질, 거래처관리)
9.0

우수한
사업아이템
11.7

우수한 기술력
11.7

치밀한 사업계획
14.7

창업에
성공한
원인

풍부한 경험
(관련 업종 경험)
52.9

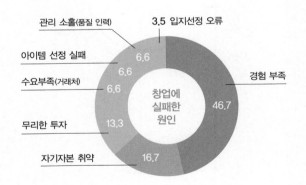

관리 소홀(품질 인력)
6.6

3.5 입지선정 오류

아이템 선정 실패
6.6

수요부족(거래처)
6.6

무리한 투자
13.3

자기자본 취약
16.7

창업에
실패한
원인

경험 부족
46.7

4장

부업으로 가볍게 시작하는 안전 스타트업

별 다른 아이디어 없이 굳은 각오만으로 시작한 사업은
대부분 비슷한 경쟁자를 만나게 된다.

———

아마 하이드(Amar Bhide · 하버드 경영대학교 교수)

아침저녁 30분으로 가능한 사업 만들기

시간을 컨트롤할 수 있는 사업을 고안하라

대략적인 사업 아이디어가 떠올랐다면 다음은 그 아이디어를 정말로 실행할 수 있을지 다시 한 번 확인하는 작업을 거쳐야 한다.

3장에서 '남들이 비웃을 정도로 간단하고 작게 꿈을 분해하라'고 강조한 바 있다. 일의 덩어리가 작고 간단해야 직장을 다니면서 쉽게 접근하고 시행할 수 있기 때문이다.

이제 스스로에게 질문을 던지며 곰곰이 따져보자.

내가 떠올린 아이디어는 과연 아침저녁 30분만으로 사업 준비를 해

물론 초기에 필요한 투자금이 너무 많지는 않은지 돈과 관련된 부분도 필히 확인해야겠지만 그 전에 일단은 '시간' 문제부터 파악해야 한다.

'앗, 나도 모르게 너무 복잡한 일을 생각해냈네. 이걸 30분 안에 처리하기는 어렵겠지……?'

'아, 이 일은 설비 투자에 꽤 큰돈이 들어가네. 융자를 몇 천만 원은 받아야 되고……. 회사를 관두지 않고서는 서비스를 제공하는 것도 한계가 있을 듯해.'

'음……, 준비 단계에서는 아침저녁 30분씩 꾸준히 하면 어떻게든 될 것 같아. 하지만 과연 이 사업을 아침저녁 30분씩 시간을 내는 것만으로 꾸려갈 수 있을까?'

냉정하게 고민해 보면 여러모로 보완하거나 재검토해야 할 부분이 있을지 모른다.

이때쯤 왠지 드림 킬러의 목소리가 저 멀리 들려오는 듯하다.

"역시 아침저녁 30분으로 창업은 불가능한 거 아니야? 잘 생각해봐, '아침저녁 30분만 할애해서 돈을 벌 수 있다'고 주장하는 사람이 이상한 거라구!"

확실히 창업이란 지금까지 인생을 살아오면서 제대로 겪어 보지 못한 새로운 도전임에는 분명하다. 경험한 적이 없기에 더욱 어렵게 느껴지는지도 모른다.

하지만 우리는 어디까지나 직장인의 신분으로 부업을 해야 한다. 아침저녁 30분으로 사업 준비를 진행하고 준비가 끝나면 역시 매일 똑같은 시간을 들여서 사업을 운영해야 한다. 만약 그걸로 부족하면 휴일의 반을 상한선으로 잡고 부업에 할애하겠다는 각오도 필요하다. 이처럼 회사를 다니면서 부업을 시작하려면 어디까지나 정해진 시간 범위 내에 꾸려갈 수 있는 사업을 만들어야만 한다. 그 외에는 달리 선택지가 없는 형편이다.

사실상 내 사업이 아니고서는 이런 일은 결코 실현될 수 없다.

타인이 만든 사업은 설사 부업으로 접근하려 해도 진입 장벽이 단숨에 높아지는 경우가 많다.

그쪽에서 만약 임원이나 책임자 혹은 대표직을 맡긴다 한들 내가 하고 싶은 대로는 결코 행동할 수 없다. 책임은 엄격히 져야 하고 시간적인 구속이 있을지도 모르는데 수익은 주로 사업 소유자가 가져가는 구조이다 보니 벌이는 생각보다 시원치 않을지도 모른다.

하지만 나만의 사업을 할 경우는 얼마든지 자신만의 페이스로 일을 진행할 수 있다. 극단적인 예이긴 하지만 이도저도 귀찮을 때는 일을 거절한다 해도 누가 뭐라 할 사람이 없다. 입맛에 맞는 일을 고를 수 있고 성가신 사람은 상대하지 않아도 된다. 이 정도 환경만 해도 사업을 향한 심리적인 진입 장벽은 상당히 낮아진다.

하지만 아침저녁 30분으로 할 수 있는 사업이 도무지 떠오르지 않는다는 사람도 있을 수 있다.

지금부터는 본인이 하고 싶은 일을 '아침저녁 30분으로 가능한 사업'으로 만들려면 어떻게 해야 하는지 그 방법에 대해 이야기해보려한다.

물론 어떤 사업 하나에 국한되는 방법은 아니니 앞으로 나올 내용은 하나의 예시로써 참고하기 바란다.

아이디어의 실현 가능성을 확인하라

아침저녁 30분으로 꾸려갈 수 있는 사업을 만들기 위해 우선 본인이 가지고 있는 사업 아이디어를 정리하는 과정부터 시작해보자.

그런 다음에 아침저녁 30분으로 꾸려갈 수 있게끔 해당 아이디어를 가공해야 한다.

먼저 3장에서 사업 아이디어를 적어두었던 종이를 찾아보자. 하고 싶은 일과 좋아하는 일, 잘하는 일을 조합해서 도출해낸 사업 아이디어가 무엇인지 다시 한 번 들여다본다.

여기서는 현재 사업 아이디어를 실행하기 위해서는 하루에 몇 분의 작업 시간이 필요한지 확인해야 한다.

아이디어를 하나로 통합하고 홈페이지를 준비하는 등 사업을 시작하기 위한 기초 작업을 꾸준히 하면 아침저녁 30분으로도 원하는 만큼 일을 진척시킬 수 있다. 하지만 실제로 사업을 시작해서 고객이 생겼을 때 정말 아침저녁 30분만으로 서비스를 제공하는 일이 가능할지는 분명하게 확인해 둘 필요가 있다.

예를 들어 만약 인터넷 쇼핑몰로 가방을 판매하고 싶은 경우 아침 30분 동안은 주문 상황이나 입금 내역을 확인하고 저녁 30분은 택배 발송 작업에, 주말을 비롯한 휴일 시간의 반은 물건 구매에 사용하면 된다. 이런 식으로 정해진 시간 내에 일과가 짜이면 이 사업은 실행 가능성이 있다고 판단할 수 있게 된다.

그럼 홈페이지 제작을 대행해주는 부업을 시작한다면 어떨까? 아침 저녁 30분으로 의뢰받은 작업이나 기타 사무적인 일을 처리할 수 있을까?

물론 능력이 출중하다면 가능할지도 모르지만 일반적으로 홈페이지 제작은 매일 5~8시간은 작업해야 할 만큼 업무량이 많은 일에 속

한다. 따라서 아침저녁 30분만 작업할 경우에는 그만큼 납기가 늦어질 가능성이 크다. 게다가 낮 시간에는 고객과 업무상 미팅을 가지기도 곤란하다.

이처럼 지금 현재 사업 아이디어를 실행한다는 가정 하에 일반적인 경우에는 이 일을 처리하는 데 몇 분이 필요하고 아침저녁 30분 안에 해결해야 할 경우에는 무엇을 희생해야 하는지 명확히 짚고 넘어가야 한다.

30분 안에 해결할 수 있는 사업으로 가공하라

아침저녁 30분의 시간 안에 실행 가능한 사업으로 아이디어를 가공해야 할 때는 인터넷이라는 요소를 최대한 활용하는 방식으로 가공하기를 추천한다. 지금처럼 IT기술이 발달한 시대라서 가능한 사업 모델이다. 그런 의미에서 과학 기술은 참으로 고마운 존재가 아닐 수 없다.

앞에서 예로 든 가방 인터넷 쇼핑몰도 그렇지만 인터넷을 활용한 사업이 실현 가능할 수밖에 없는 이유가 있다. 우리가 본업에 종사하는 동안 인터넷과 쇼핑몰이라는 시스템이 우리 대신 고객을 유치하거나 응대하기 때문이다.

반면 홈페이지 제작처럼 본인이 직접 작업을 해야 하는 대행업의 경우에는 그리 간단하지가 않다. 일단 아침저녁 30분만으로는 고객이 희망하는 납기일을 지키기가 매우 어렵다. 또한 고객 확보를 위해서는 따로 영업활동을 해야만 한다.

"에이, 그런 식이면 좋아하는 일은 못하는 거잖아요?"

확실히 지금 당장 원하는 모든 일을 100퍼센트 실현하기는 힘들 수 있다. 하지만 지금은 아직 부업으로 겨우 시작하는 단계다. 비어 있는 시간에만 업무를 해야 하니 당분간은 어쩔 도리가 없다.

직장인은 사실 기존에 회사에서 주어진 업무만으로도 매일이 피곤하다. 무리를 해야지만 진행할 수 있는 일은 애초에 현재 단계에서 손을 댈 영역이 아니다.

그럼 직장인의 신분으로 부업을 시작할 때는 본인이 하고 싶은 일은 무조건 포기해야 하는 걸까?

결코 그렇지 않다. 지금은 아직 목표를 향해 나아가는 중이니 현실과 타협할 뿐이다. 어디까지나 최종 목표는 본인이 좋아하는 일, 하고 싶은 일로 자립하는 것임을 잊지 말자.

물리적으로 생각했을 때 지금은 아직 본인이 하고 싶은 일을 실현할 수 있는 여건이 되지 않는다면 사업의 형태를 조금 바꿔보는 방법도 고려할만 하다.

예를 들어 코딩 교육 사업을 목표로 삼은 경우 처음에 코딩의 기초적인 내용과 학습 방법을 알려주는 동영상을 제작해 다운로드 형태로 판매하는 부업을 먼저 고려해보면 어떨까? 아니면 e-book으로 만들어 배포하는 등 인터넷을 매개로 한 거래가 가능하도록 사업 구조를 바꿔보는 것이다. 이런 시도가 성공하면 최종 목표의 실현 가능성 또한 단숨에 높아지게 된다.

아날로그적인 노동이나 작업을 디지털 파일의 형식을 빌려 다운로드나 온라인 판매가 가능하도록 전환할 방법에 대해 고민해보자.

직장인 신분을 유지하며 사업을 시작하려면 이제 인터넷 활용은 필수 불가결하다.

만약 좀 더 사업을 발전시킬 여력이 있다면 해당 상품을 구입한 고객을 대상으로 매달 한 차례씩 스터디 모임을 개최하는 방법도 고려해볼 수 있다.

장소나 시간을 본인 형편에 맞춰 조절하면 되니 그렇게 큰 부담은 아닐 것이다. 이처럼 무리하지 않는 범위에서 조금씩 부가가치를 높여가야 한다.

부업이라고는 해도 회사를 계속 다니면서 어떤 새로운 일을 시도하기 위해서는 시간을 스스로 컨트롤해야 하고 이를 위해 많은 고민이 필요하다는 사실을 깨달았으리라 생각한다.

어렵다고 느껴질지 모르겠지만 인생의 조종간을 스스로 손에 쥐는 중요한 과정이기도 하다.

결국 누군가에게 휘둘리는 일 없이 자립한 인생을 이루는 데 소중한 첫걸음이 되어줄 것이다.

접근이 쉬워야
시작과 지속이 가능하다

여러분이 생각하는 사업 아이디어를 점검해 본 결과는 어떨까? 회사원의 신분으로 생활을 크게 바꿀 필요 없이 아침저녁 30분으로 사업 실행이 가능한 형태로 아이디어를 가공할 수 있을까?

만약 가공이 어렵다면 현재의 단계에서 좀 더 손쉽게 접근할 수 있는 사업으로 규모나 난이도를 한 단계 내리는 방법은 없을까?

지금부터는 내가 '하고 싶은 일'을 '실제 할 수 있는 일'로 바꾸는 방법에 대해 소개하려 한다.

앞에서 여러 번 반복했듯이 직장인의 신분으로 사업을 할 때는 어떻게 하면 규모를 가능한 한 작게 만들지를 고민하면서 판매에 인터넷을 활용한 시스템을 접목시키는 것이 무엇보다 중요한 과제다.

지겹다고 생각될지 모르겠지만 다시 한 번 짚고 넘어가자. 본인의 사업 아이디어를 좀 더 작게 쪼개서 접근하기 쉽게 만들면 어떨지 말이다.

일의 연장선에서 사업 아이디어를 구상하라

사업 아이디어를 구상하다 보면 꿈이 점점 부풀어 올라 어느새 본인의 손으로 움켜쥘 수 없을 만큼 규모가 커질 때가 있다. 사업 모델을 너무 거창하게 그린 나머지 현실과 동떨어지고 마는 것이다. 또는 그만큼 거창하게는 아니더라도 현재 본인이 근무하는 회사와 비슷한 수준의 상품이나 서비스를 제공하겠다며 야심찬 꿈을 말하는 사람들이 의외로 상당히 많다.

하지만 우리는 좀 더 가볍게 생각해야만 한다. 처음은 부업의 형태로, 심지어 개인이 사업을 시작하는 것이기 때문에 큰 회사들처럼 여러 상품을 늘어놓을 이유가 없다.

또한 휴대전화 약정 구입 플랜처럼 복잡하거나 난해한 상품을 취급하는 것도 곤란하다. 우선 사업 주체인 본인이 손쉽고 간단하게 제공할 수 있는 상품이나 서비스를 생각해야 한다. 일상의 연장선에서 떠올릴 만한 수준으로 범위를 한정 지어 생각해보자.

과거에 이런 사례가 있었다.

지금이야 인터넷 판매가 너무도 당연한 일이 되어 원하는 물건이 있으면 전국 어디에서나 택배로 받아볼 수 있는 시대가 되었지만 불과 몇 년 전까지만 해도 지방 사람은 도시에서 파는 최신 상품을 쉽고 빠르게 손에 넣기 어려운 시절이 있었다. 때문에 한때 쇼핑을 대행해 주는 사업이 유행한 적이 있다.

의뢰가 들어오면 패션 잡지에 실린 옷을 구입해 의뢰한 사람한테 우편으로 보내주는 단순한 일이었다. 수도권에 사는 사람은 누구나 시작할 수 있는 사업이었고 배송 작업은 가게 측에 위탁하면 되니 아침에는 단순 사무 업무를 처리하고 밤에는 물건 구입을 하는 식으로 회사를 다니면서도 충분히 부업으로 해볼 만한 사업이었다.

이 사업을 시작했던 한 여성은 멋내기를 굉장히 좋아해 매달 패션 잡지를 구독하는 사람이었다. 잡지를 읽으면 항상 시간이 순식간에 지나갈 정도로 패션을 좋아했다.

현재 이 여성은 자신만의 브랜드를 만들어서 퍼스널 스타일리스트로 활약하고 있다.

항상 본인이 좋아해 해왔던 '잡지 보기'와 '쇼핑'이라는 일을 고객을 위하는 일로 바꾸었을 뿐이었다. 이런 손쉬운 접근성이 바로 쇼핑 대행 사업이 성공할 수 있었던 요인이라고 생각한다.

손쉽게 만들려면 이렇게 하라

여태껏 계속 반복했듯이 부업으로 사업을 시작할 경우에는 일의 규모를 철저히 작게 하고 접근이 용이하게 만들어야 하는 필요성에 대해 충분히 이해했으리라 생각한다. 지금부터는 접근이 쉬운 사업을 만들려면 어떻게 해야 하는지 좀 더 구체적으로 살펴보도록 하자.

손쉽게 접근이 가능하도록 사업 아이디어를 다듬을 때는 일상의 연장선에 놓고 고민해보는 방법 외에 다음의 3가지 사항을 충분히 고려해야 한다.

① 금전적인 부담이 적어야 한다.
② 시간의 제약이 없는 사업을 고른다.
③ 지리적으로 친숙하고 본인과 가까운 장소에서 시작한다.

먼저 금전적 부담에 관한 부분을 생각해보자. 금전적인 부담은 가급적 적게 설정하는 편이 바람직하다.

예를 들어 재고를 껴안지 않을 수 있고 고정비 지출이 적은 방향으로 사업을 구성해야 한다. 물론 그저 돈을 아끼면 된다는 소리가 아니다. 투자해야 할 부분에는 과감히 투자할 수 있도록 불필요한 지출을 줄이고 현금을 보유해두도록 하자는 것이다.

다음으로 시간 제약 부분을 살펴보자. 아침저녁 30분 동안에 모든 업무 처리가 가능하도록 업무를 간략하게 시스템화하는 것은 기본 중의 기본이다. 메일 전송은 자동 회신 기능이 기본인 것이 좋다. 정기 뉴스레터, 타깃 광고 메일 등을 활용할 수 있는지도 체크해봐야 한다.

이런 시스템 외에도 사업이 어느 정도 궤도에 오른 후에는 업무를 위탁하거나 외주를 주는 등 타인의 시간을 돈으로 사는 방안도 도입해볼 수 있다.

마지막으로 지리적인 요소를 고려해야 한다.

긴 이동시간은 시간을 낭비하게 하는 최대의 적이다. 물론 이동시간에 업무 처리가 가능하다면 모르겠지만 사람들로 꽉 찬 대중교통을 주로 이용해야 한다면 여의치 않은 경우가 많다.

또한 고객의 요청에 따라 움직일 게 아니라 '며칠, 몇 시에 어느 장소에서 만나자'는 식으로 내 쪽에서 요청할 수 있는 사업이 되도록 고민해보자.

4가지 관점 중 접근하기 쉬운 사업을 선택하라

여러분의 입장에서 가장 간단하게 느껴지면서도 바로 실행할 수 있을 법한 사업에는 어떤 종류가 있을까?

앞서 3장에서는 본인의 경험이나 체험을 전하는 사업을 먼저 추천한 바 있다. 하지만 그 외에도 사업에는 수많은 유형이 존재한다.

본인만의 경험이나 체험을 전하는 것을 지식 제공 사업(노하우 제공형)이라고 한다면 장소나 기회를 제공하는 사업(공간·기회 제공형)도 있고, 물건을 제공하는 사업(제품 제공형), 기술을 제공하는 사업(기술·서비스 제공형)도 있다.

이제부터 각 사업 모델의 특징을 한번 살펴보자.

1) 지식 제공 사업(노하우 제공형)이란 3장에서 언급했듯이 자신만의 경험을 전달하고 알려주는 사업 모델이다.

세무나 회계 등의 사업 기술, 스포츠나 게임 공략법처럼 한 분야를 오랜 기간 경험해 온 사람이나 좋아하는 일이 명확한 사람, 또는 타인이 경험하기 힘든 고생을 겪어 온 사람이 비교적 접근하기 쉬운 사업 모델이라고 할 수 있다.

예전에 우울증을 이겨내고 직장 복귀에 성공한 고객이 있었다.

원래 외국계 기업에 다녔던 이 고객은 책임이 막중한 직책을 두루 겪어서인지 스트레스가 누적돼 결국 우울증 증세가 나타났다고 한다.

일반적으로 병원에서 우울증이라고 진단되면 약을 처방받는다. 약을 먹어서 완치되는 사람도 있지만 약에 의존성이 생기면 오히려 좀처럼 극복하기가 쉽지 않다.

그 고객은 고생스럽지만 약을 복용하지 않는 방법을 택했고 스스로 우울증에 대한 공부를 거듭하면서 호흡법과 운동을 통해 우울증을 이겨낼 수 있었다. 이런 경험을 여러 사람에게 알리고자 생각한 그는 '약에 의존하지 않고 우울증에서 탈출하는 방법'을 상담을 통해 조언하는 방안을 고민했고 이 아이디어를 첫 번째 상품으로 내세워 창업의 길로 들어섰다.

그러자 우울증으로 고민하는 사람들로부터 상담 신청이 쇄도하면서 계약이 연이어 이루어졌고 홈페이지 방문자 수도 늘어나면서 그에 따른 광고 수입 역시 순조롭게 증가했다.

2) 장소나 기회를 제공하는 사업(공간·기회 제공형)은 테마를 정해 참가자를 모집하고 조건에 맞춰 참가자들을 연결하거나 이벤트를 개최하는 사업모델이다.

보통 다양한 장소 혹은 만남의 기회를 상품으로써 제공하게 된다.

친구 모임이나 각종 행사에서 항상 총무 역할을 담당하는 사람은 특히 이 같은 공간·기회 제공형 모델로 보다 손쉽게 사업에 접근할 수 있다.

예전에 이런 창업 사례가 있었다.

한 제조업체의 영업사원이던 S는 활발한 성격 덕에 지인 모임이나 이벤트가 생기면 항상 진행 역할을 맡곤 했다. 본인 또한 타 업종 종사자 모임에 참석하는 등 다양한 사람들과 만나는 자리를 선호했다.

그런데 개인적인 술자리나 파티는 자주 주최해봤지만 이를 사업으로 삼아 수입을 올리기에는 상당한 어려움이 따르리라 생각했다. 그래서 S는 일단 미팅 파티를 전문으로 하는 프랜차이즈 업체를 찾아 가맹을 진행했다. 프랜차이즈의 간판과 신뢰성을 이용하면 사업을 향한 첫발을 내딛기가 좀 더 수월하겠다는 판단에서였다.

프랜차이즈 사업이 순조롭게 궤도에 오른 S는 본인만의 동호회 사업을 기획해서 현재 매달 30만 엔(약 300만 원) 이상의 수입을 올리고 있다. 장소나 기회를 제공하는 사업 영역에서 본인의 성격적인 장점을 잘 살린 서비스를 찾아 멋지게 사업을 성장시킨 사례라 하겠다.

3) 물건을 제공하는 사업(제품 제공형)은 손에 만져지는 사물 혹은 데이터 파일 등을 만들거나 매입해 고객에게 판매하는 사업을 말한다.

실제 점포를 갖고 있지 않아도 인터넷 쇼핑몰이나 옥션, 어플리케이션 등을 이용하면 간단하게 시작할 수 있는 사업이다.

본인에게 팔릴 만한 물건을 알아보는 안목이 있거나 남들보다 빠르고 저렴하게 물건을 매입할 수 있는 루트를 아는 사람이라면 물건을 제공하는 사업에 도전하는 편이 확실하면서도 안정적일 수 있다.

내가 운영하는 '창업 18'이란 회사에 등록된 회원 중에도 제품 제공형 사업에 도전하는 사람들이 상당히 많다.

직접 만든 양산이나 하와이안 드레스, 프리저브드 플라워(preserved flower, 생화를 특수 처리해 모습이 유지되도록 한 가공화)처럼 독자적으로 상품을 제조해서 판매하는 사람도 있고, 알리바바나 알리익스프레스 등 중국 인터넷 쇼핑몰에서 물건을 구입한 후 다시 인터넷 사이트에 그 상품을 올려 되파는 경우도 있다. 그런 방식으로 진행하다 해당 브랜드와 직접 접촉해 독점 판매권을 따낸 사람도 있다.

다만 제품 제공형 사업은 투자자금의 크기나 재고 부담처럼 신경 써야 할 부분도 많기 때문에 관련 경험이 없는 사람이라면 세심한 주의가 필요하다.

4) 기술을 제공하는 사업(기술·서비스 제공형)이란 자신의 특기 분야를 살린 서비스를 제공함으로써 고객의 고민을 해결해주는 사업을 말한다.

이 사업 유형에 쉽게 접근하려면 최근 취득한 자격증용 기술을 활용할 것이 아니라 오랫동안 업무나 취미 활동을 해오면서 자연스레 몸에 밴 기술을 살리는 것이 핵심이다.

기술을 사업으로써 확립시키기 위해서는 재능을 결합하는 방법이 필요하다. 본인의 재능을 발휘할 수 있는 사업 아이템을 만들어낸다면 아침저녁 30분씩 처리하는 업무도 전혀 고생으로 느껴지지 않고 오히려 즐기면서 하게 될 것이다.

지인 중 자산관리사 자격증을 보유한 M이라는 여성이 있다. 자산관리사로서 배운 지식은 M이 회사에서 담당하는 총무나 회계 업무에 큰 도움이 되었지만 해당 지식이 그 밖의 일에도 도움이 되리라고는 전혀 생각하지 못했다고 한다.

사실 M은 회계에도 소질이 있지만 한편으로는 글쓰기를 매우 좋아했다. 그렇다고 딱히 글쓰기 공부를 한 것은 아니고 그저 몇 년 동안 꾸준히 블로그에 글을 올리는 정도였다.

어느 날 M은 '글쓰기를 좋아하면 그걸로 일을 해보면 어떻겠느냐'는 권유를 받았고 이를 계기로 부업으로 할 수 있는 웹 에디터 일을 찾아보게 되었다.

그러다가 때마침 미디어 대기업이 운영하는 포털 사이트에서 웹 라이터 모집 공고를 발견했다. 지원자가 많아 어려워 보였지만 자산관리사 자격을 결합하여 '금융 관련 웹 라이터'로 활동할 수 있다는 점을 업체에 제안해 바로 합격했다. 현재는 한 달에 4~5건 정도 기사를 기고하고 있으며 올린 기사 중에서 하루 페이지뷰가 10만 건에 달하는 인기 기사도 생겨났다. 웹 라이터 부업만으로 매달 10만 엔(약 100만 원) 이상의 부수입을 올리는 것은 물론이다.

독립으로 이어지려면 아직 좀 더 수익원에 대한 고민이 필요한 상태지만 현장에서 얻은 지식과 본인이 좋아하며 잘하는 일을 조합하여 수익을 내고 있다는 점에서 더할 나위 없는 선택이자 자립을 위한 훌륭한 시도라고 평하고 싶다.

지식 제공 사업(노하우 제공형) 구축하기

3장에서 언급한 대로 지식 제공 사업(노하우 제공형)은 가장 간단하게 시작할 수 있는 사업이자 적은 리스크로 높은 수익을 기대할 수 있는 사업 유형의 하나다. 아무리 애써도 아이디어가 떠오르지 않거나 사업에서 무엇보다 리스크를 중요시한다면 이 유형으로 사업에 도전해보자.

내가 운영하는 창업 지원 사업도 이 같은 '지식 제공 사업(노하우 제공형)'에 해당한다.

직장인 시절부터 쭉 해 왔던 '회사를 그만두지 않고 아침저녁 30분으로 나만의 회사를 운영하는 방법'을 직접 실천해보고 싶어 하는 사람들에게 그와 관련된 노하우를 전하는 사업을 하고 있다.

이런 식으로 자신의 경험을 체계화하여 전달하는 사업은 직장을 다니면서 무리하지 않고 시작하기에 딱 적합한 아이템이다.

나 같은 경우에는 지식 제공 사업에 그치지 않고 장소나 기회를 제공하는 사업(공간·기회 제공형)을 접목시켜 스터디 모임이나 세미나를 계획하기도 하고 현재 읽고 있는 이 책처럼 물건을 제공하는 사업(제품 제공형)도 함께 꾸리고 있다. 이들 사업은 모두 나의 경험이 바탕에 깔려 있는 셈이다.

이렇게 말하면 '나한테는 사업에 도움이 될 만한 경험이 없기에 어렵다'고 생각하는 사람이 있을지 모른다.

하지만 '없다'는 생각은 본인의 착각일 뿐이다. 어린 아이가 아닌 이상 경험이 전혀 없는 사람은 이 세상에 존재하지 않는다.

'남에게 가르칠만한 경험이 없다'며 사업이 불가능한 이유를 찾는 사람도 있을 수 있다. 이 경우는 특히 드림 킬러를 주의해야 할 유형이기도 하다.

하지만 이 역시 잘못된 생각이다. 남에게 본인의 경험을 전하려는 사람은 반드시 초일류여야만 할까? 수많은 프로 골퍼들이 있지만 레슨 지도만을 전문으로 하는 프로 선수도 존재한다. 투병 경험을 솔직하게 전해 각광을 받는 경우도 있다. 이런 사람들 모두가 과연 분야 또는 세계 최고의 자리에 오른 적이 있는지 한번 생각해보자.

어떤 선생님한테 배울지는 고객이 직접 결정할 문제다. 친근하게 느껴진다는 이유에서 실패 경험을 말해주는 선생님이 오히려 인기를 끌기도 한다. '이 사람한테 배우고 싶다'고 느끼는 이유는 사람마다 다르다. 그 이유를 본인이 지레짐작해서 경험을 전하는 일을 포기할 필요는 없다.

눈 딱 감고 한번 해보면 나의 경험을 정리하는 일이 그렇게 어렵지 않다는 사실을 알게 된다. 오히려 아주 간단한 작업이다.

과거에 내가 무엇을 배우거나 경험했던 일의 과정을 떠올려보고 그걸 그대로 정리하기만 하면 된다.

예를 들어 칵테일 만들기를 좋아하고 잘하는 사람이 있다고 가정해보자.

지금 칵테일을 잘 만든다고 해서 그 사람이 처음부터 칵테일을 능숙하게 만들어 냈을 리는 없다. 처음에는 일반적으로 술에 관한 기초 지식도 함께 공부한다. 그 후에 간단한 레시피로 실습을 시작해 차츰 인기 있는 칵테일이나 좋아하는 칵테일을 만드는 방법을 배우고 익혔을 것이다. 만드는 수준이 더 높아지면 고객을 상대하기 위한 고급 기술도 배우게 될지 모른다.

무언가를 배우는 과정은 단숨에 이루어지지 않고 단계적으로 학습된다.

다시 말해서 그렇게 단계적으로 배운 내용을 본인이 배웠던 과정 그대로 커리큘럼처럼 만들면 된다.

다만 강의를 통해 배운 내용을 고스란히 흉내 내는 방식은 아무래도 바람직하지 않다. 하지만 배운 지식을 바탕으로 칵테일을 실제로 만들어보면 강의 이외에 새로이 깨닫게 되는 부분이 상당히 많을 것이다.

본인이 공부할 때보다 좀 더 효율성 있게 배우는 방법이나 시간과 돈과 노력을 적게 들일 수 있는 방법처럼 스스로 깨우친 부분을 기존에 배운 내용과 함께 녹여낸다면 이제는 어엿한 나만의 노하우가 완성된다. 그 내용을 필요로 하는 사람이 어딘가에 분명 존재할 것이다. 직접 실천해보지 않은 단순한 지식은 설득력을 얻지 못한다는 사실을 잊지 말아야 한다.

본인의 경험을 누군가에게 가르치기 위해서 커리큘럼을 만들 때는 배운 내용을 100단계로 나누는 방법을 추천한다.

100단계로 나눈 뒤에는 블로그 등의 공간을 통해 1~20단계까지만 무료로 공개하고 초급편은 21~40단계, 중급편은 41~60단계, 상급편은 61~80단계, 프로편은 81~100단계로 나누어 수강료를 받는다. 그위로는 강사 양성 프로그램이 있는데 단계가 위로 올라갈수록 커리큘럼 레벨과 수강료가 올라가는 식으로 시스템을 운영 중이다.

여기에 직장인도 수업을 들을 수 있게끔 커리큘럼을 동영상이나 PDF로 제작해 배포하거나 한 달에 한번 특강을 기획하는 등 무리하지 않는 선에서 여러 가지 판매 방법을 고민해왔다.

판매라고 해도 어렵게 생각할 필요는 없다. 인터넷을 활용하면 되기 때문이다.

예를 들어 블로그에 포스팅을 해도 좋고 강좌나 세미나를 홍보할 수 있는 매체를 활용하면 된다.

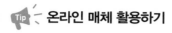 **온라인 매체 활용하기**

온오프믹스(htps:/www.onofmix.com)
오프라인 모임이나 세미나, 강좌 진행 등에 필요한 장소 대관, 내용알림 웹페이지 작성, 참석자 유료결제, 참석자 관리 등의 일처리를 원스톱으로 별도의 비용 없이 처리가 가능하다.

물건을 직접 판매할 경우
물건을 판매할 수 있는 다양한 온라인 쇼핑몰이 있다. 대부분 상품 등록비는 없으며, 판매에 대한 수수료는 발생한다.

네이버쇼핑: htps://shopping.naver.com

옥션 : htp://www.auction.co.kr

지마켓: htp://www.gmarket.co.kr

쿠팡: htps://www.coupang.com

위메프: htp://www.wemakeprice.com

만약 사업자 등록을 하지 않은 상태에서도 실험적으로 판매해보고 싶은 물품이 있다면, 네이버쇼핑이나 옥션 등을 통하여 상품 등록과 판매를 시도해볼 수 있다.

상품과 서비스의 승부수는 '고민 해결'에 있다

　직장을 다니며 소소하게 사업을 시작하기 위해 상품이나 서비스 개발을 목적으로 하는 대규모 시장조사를 진행할 필요는 없다. 그보다는 나와 가까운 사람들의 고민에서 상품이나 서비스 아이디어를 얻는 편이 가장 빠르고 효과적인 시장조사 방법이 될 수 있다.

　비슷한 사업을 하는 사람이 얼마나 있는지 인터넷으로 검색해보는 과정도 필수다. 검색해봤더니 이미 비슷한 사업이 존재한다면 그 분야는 계속해서 밀고나가도 괜찮다고 판단할 수 있다. 경쟁 회사가 있다는 사실은 곧 '수요가 있다'는 뜻과도 같기 때문이다.

　사업 아이디어를 고민할 때 가장 피해야 할 일은 본인의 공상만으로 무조건 사업을 시도하고 보는 성급함이다.

아무래도 사업이다 보니 수요가 없는 분야에 도전하기는 어렵다. 요청하는 사람이 없다면 아무리 자원봉사라도 하기 힘든 법이다. 그러니 경쟁업체 유무의 확인은 필수로 해야 한다.

만약 수요가 있어 보여도 지나치게 앞서가는 공상은 금물이다. 가까운 사람들의 고민을 확실하게 파악하면서 사업계획을 세워야 한다.

예를 들어 시골에 카페를 내고 싶은 사람이 있다고 하자. 그런데 카페를 열어도 장소가 적절치 않다면 손님들이 찾아올 리는 만무하다. 게다가 주변에 비슷한 카페까지 있다면 손님은 그쪽으로 가버릴지도 모른다.

그런데 가게 근처에 사는 사람들이 모임이나 다양한 동호회를 열만한 장소를 필요로 한다는 사실을 알게 되면 어떨까? 카페를 대여해주는 서비스를 제공하면 손님이 찾아 올 확률을 단숨에 높일 수 있다.

이처럼 '고객의 고민을 해결한다'는 개념을 항상 염두에 두고 사업계획을 세우면 고객 쪽에서 흥미를 보이며 다가오게 된다.

카페처럼 초기 투자비용이 큰 사업은 아니더라도 아이디어를 생각할 때는 어떻게 하면 고객의 문제 해결에 도움이 될지 고민하는 관점을 잃지 말아야 한다.

그럼에도 가까운 사람들의 고민거리를 조사하는 일이 어렵게 느껴진다면 그때는 3장에서 소개한 '따라 하기' 전략을 활용하도록 하자. 이미 실현되어 있는 사업을 생각의 토대로 삼는 방법이다. 벌써 회사가 설립되고 운영되고 있는 만큼 그 분야에 수요가 존재한다고 판단할 수 있다.

예컨대 인터넷으로 물건을 판매하는 일은 이미 자리를 잡은 대표적인 사업 분야이다.

'인터넷 판매 사업과 주변 사람들의 고민을 결합하면 뭔가 새로운 사업 아이템이 탄생하지 않을까?'

이런 식으로 스스로 질문을 계속 던져야만 다양한 아이디어를 떠올릴 수 있다.

좋아하는 밴드의 라이브 공연에 좀처럼 가기가 힘들다며 지방에 사는 친구가 나에게 라이브 한정 상품을 사다줄 것을 부탁했다고 가정해 보자.

친구 대신 라이브에 가서 한정 상품을 구입하면 친구한테 얼마간의 수고비를 받을 수 있다. 이처럼 나와 가까운 사람이 원하는 어떤 수요를 발견하면 이 수요의 대상을 조금 더 넓혀서 사업으로 발전시킬 가능성이 있는지 고민해 보는 것이다.

'친구처럼 지방에 살아서 공연에 오기 힘든 팬을 대상으로 공연장에서만 판매하는 한정상품 구매 대행 사업을 할 수 있지 않을까?'

이런 식으로 생각을 확장해가면 된다.

가령 여러 가지 권리와 관련된 문제가 있을 수도 있지만 유명 밴드나 아이돌 그룹은 세계적으로 인기가 많으니 외국인을 대상으로 하는 사업이 가능할지도 모른다.

가까운 사람의 고민이나 바람을 해결하는 쪽으로 방법을 생각하다 보면 분명 좋은 사업 아이디어가 떠오를 것이다.

⏰ 30 min 단순한 아이디어를 상품화하라

가장 먼저 정해야 하는 3가지 요소

지금껏 다양하게 고민해 온 사업 아이디어를 다시 한 번 명확하게 정리해보자.

우선 해야 할 작업은 다음과 같다.

① 상품이나 서비스의 구체적 내용을 결정한다.

② 상품명을 정한다.

③ 가격을 설정한다.

우선 상품과 서비스를 구체적으로 정하기 전에 잠시 상품의 종류부터 살펴보자.

상품은 크게 주력 상품과 유인 상품으로 나눌 수 있다.

'주력 상품'은 사업자의 입장에서 '고객이 가장 이용했으면 하는 상품이나 서비스'를 말한다. 주로 고부가가치 상품으로 가격이 높게 책정되는 만큼 이윤도 크다. 본인만의 강점을 최대한 담아 다른 회사의 상품과 철저히 차별되게 만드는 상품이다.

만약 상품 자체에 강점을 더하거나 차별화하기 어려운 경우에는 애프터서비스나 사용 설명서, 제품 패키지 등 납품 형태나 판매 방식에 차별성을 두는 방안을 고민해볼 수 있다.

'유인 상품'은 주력 상품의 가치를 알리기 위한 일종의 '체험 상품'을 말한다. 미래의 예상 고객에게 사업자 본인 혹은 상품의 장점을 알리려는 목적에서 만드는 상품이라고도 볼 수 있다.

특가에 제공되는 세미나나 무료 체험 샘플, 무료 체험 기간 등이 유인 상품에 속한다.

물론 장기적으로는 주력 상품이나 유인 상품 이외에도 다양한 상품군을 구성해야 하지만 우선은 이 두 가지 상품을 만드는 일부터 시작하면 된다.

일단은 주력 상품에 관한 내용부터 글로 정리해보자. 그 다음 주력 상품을 판매하기 위해 어떤 유인 상품이 필요할지 고민해보고 역시 상품 내용을 명확하게 글로 적어본다.

상품에 대한 구체적인 내용이 정리되었으면 다음은 상품명을 정해보자.

상품명을 지을 때는 암호 같은 숫자나 알파벳으로 이루어진 모델명, 의미를 알 수 없는 전문용어로 이름을 짓는 실수를 저지르기 쉽다. 헷갈리지 않도록 식별번호를 붙이는 건 물론 상관없지만 식별번호가 아닌 상품의 이름도 확실히 정해야 한다.

인터넷을 활용해서 상품을 판매할 때는 특히나 상품명이 중요해진다. 일반적으로 인터넷에서는 먼저 상품명을 보고 관심을 둘지 말지 판단하는 경향이 있기 때문이다. 이름을 보고 본인에게 도움이 되는 상품이라 생각되면 상세 페이지에 들어가 사진이나 설명을 확인하게 된다.

그렇기에 한눈에 의미 전달이 잘 되지 않는 이름이 보이면 고객은 그냥 지나칠 가능성이 크다. 눈뜨고 가만히 판매로 이어질 기회를 놓치는 셈이다.

상품명을 짓는 방법에는 3가지 포인트가 있다.

우선 이름에서 어떤 상품인지 쉽게 전달이 되어야 하고 둘째, 고객의 고민이 해결될 법한 이미지가 그려져야 하며 **마지막으로** 기억하기 쉬워야 한다.

이름을 지을 때는 항상 이 3가지 요소를 의식하면서 상품명을 정해보자.

이제 가격을 정하는 단계만 남았다.

가격이란 '팔기 쉬운 금액'을 의미하는 단어가 아니다. 가격을 정하는 단계에서는 '제공하는 상품의 가치에 합당한 대가'를 정해야 한다.

사업 초창기에는 상품이나 스스로에 대한 확신이 없다 보니 제공하는 상품의 가치보다 가격을 낮게 책정하는 일이 종종 발생한다.

하지만 처음부터 상품 가치에 맞는 금액을 확실히 설정해서 판매하는 편이 상품이나 회사의 이미지 제고에도 도움이 되고 사업을 성공으로 이끄는 중요한 요소가 된다.

"내가 경험이 부족해서……. 돈은 안 받아도 돼."
"점심 사주면 공짜로 가르쳐 줄게."
"친구끼리 어떻게 돈을 받니!"

이런 소리는 이제 그만 둬야 한다. 이와는 반대로 근거 없는 자신감에 차서 가격을 터무니없이 높게 책정하는 경우도 있는데 어느 쪽도 결코 바람직하지 않다.

완전히 똑같은 상품이라 업체끼리 가격이 쭉 비교되는 상황이면 어쩔 수 없지만 그렇지 않은 경우에는 상품력은 물론이고 신용도나 브랜드 가치 또한 가격에 반영해야 한다.

본 적도 없고 저 멀리 존재하는 유명인보다는 가까운 사람일수록 나를 신뢰하는 법이다. 이처럼 고객과의 거리감도 가격을 판단하는 중요한 기준이 된다. 너무 저렴해도 안 되고 아무나 선뜻 사기 어려울 만큼 비싸서도 안 된다.

상품에는 가격에 따라 느껴지는 가치도 존재한다. 상품 가격이 높을수록 가치가 있다고 느끼는 사람도 적지 않다. 그러니 혼자서 마음대로 판단하기보다 고객이 생각하는 가치의 척도를 알아보려는 노력이 필요하겠다.

그럼 이제 구체적인 숫자를 예로 들어 각 상품의 가격을 설정해보자.

먼저 주력 상품부터 살펴보기로 하자. 주력 상품은 회사의 실적을 만들어갈 메인 상품이기 때문에 일반적으로 가격과 수익을 높게 책정하게 된다. 다만 대표 본인과 회사의 인지도가 거의 없는 상태이니 처음부터 아주 높은 가격을 책정하기는 어렵다.

예를 들자면 강의 상품을 인터넷으로 팔고자 할 때는 대략 10만 원 이하의 가격이 적당하다. 만일 유인 상품을 통해 고객과의 신뢰관계를 탄탄히 구축해가면서 대면 판매를 하게 된다면 가격은 좀 더 비싸질 수 있다.

다음은 유인 상품의 가격 설정을 알아볼 차례다. 유인 상품은 판매하는 상품의 장점을 알리고 판매자와 회사에 대한 신뢰도 제고를 목적으로 하는 '체험 상품'이기 때문에 되도록 가격을 저렴하게 책정한다. 굳이 유인 상품으로 수익을 낼 필요는 없다.

단 1원이라도 손해도 보기 싫다는 생각에 유인 상품의 가격을 비싸게 정하는 경우가 꽤 있는데 이는 커다란 착각이다. 가격 때문에 고객이 체험해보고 싶다는 생각을 하지 않게 되면 주력 상품을 소개할 기회는 그대로 날아가고 만다.

세부 사항 정하기

상품을 정하고 이름과 가격을 결정했으면 이제 상세한 상품 정보를 글로 적어 볼 차례다.

이때는 몇몇 경쟁 업체의 홈페이지나 홍보 문구를 참고하면서 필요한 정보가 빠짐없이 들어가도록 작성하면 좋다.

상품에 대한 정보가 부족하면 고객은 불안함을 느끼기 때문에 판매가 힘들어진다.

제품 설명을 글로 옮기다보면 상품의 미진한 부분을 깨닫게 된다. '애초에 누구를 대상으로 만든 상품이었지?'라는 생각이 불현듯 들지도 모른다.

장소나 기회를 제공하는 사업(공간·기회 제공형)이라면 구체적인 장소 선정부터 기회를 제공하는 방법을 담아야 하고 물건을 제공하는 사업(제품 제공형)은 상품의 구체적인 사양이나 사진, 사용 설명서를 준비해야 한다. 기술을 제공하는 사업(기술·서비스 제공형)은 기술이나 서비스의 제공 방법부터 시간과 장소, 필요한 설비를 알려야 하고, 지식 제공 사업(노하우 제공형)인 경우에는 강의 교재나 판매 방법 등을 상세하게 고지해야 한다. 각 사업 유형마다 판매를 위해 정해야 하는 요소들이 상당히 많다.

보다 구체적인 내용은 아래에 정리해두었으니 참고하면서 상품 설명을 작성하도록 하자.

- 상품명
- 가격
- 상품, 서비스 개요
- 사양(색, 사이즈, 장소, 시간 등)
- 납품 형태(PDF 파일, 동영상, DVD, 교재+세미나 2시간 등)
- 납품 방법(다운로드, 우편, 세미나 개최, 고객 자택 방문 후 작업 등)

회사 내에서 활용하기 위해 작성할 정보
- 상품 종류(주력 상품, 유인 상품 등)

- 고지 방법(홈페이지, 페이스북 등)

- 수주 방법(메일, FAX 등)

- 청구 방법(청구서 메일 송신, 문자 메시지 이용 등)

- 회수 방법(계좌 입금, 신용카드 등)

후속 상품
개발하기

3번째로 만들어야 하는 상품

처음으로 판매할 상품인 주력 상품과 유인 상품을 완성한 후에는 다음으로 판매할 상품을 고민하면서 제품군을 늘려가야 한다. 매출이 안정적으로 나오기 위해서는 적어도 4가지 상품은 보유하고 있어야 안심할 수 있는 수준이 된다.

사업은 매출을 올리는 일로부터 시작된다. 매출이 없으면 경비도 처리할 수 없고 이익을 내기도 힘들다.

그런 까닭에 매출이 조금 더 안정적으로 나올 수 있도록 주력 상품과 유인 상품에 이은 3번째 상품의 존재가 필요해진다. 3번째로 만들어야 할 상품을 음식 메뉴에 비유하자면 사이드 메뉴쯤에 해당한다고 볼 수 있다.

어째서 3번째 상품은 사이드 메뉴로 접근해야 할까?

이유는 간단하다. 메인 메뉴를 2가지 이상 주문하는 사람은 드물기 때문이다.

라멘집만 해도 혼자서 소유(간장) 라멘과 미소(된장) 라멘을 동시에 먹는 사람은 거의 찾아보기 힘들다. 라멘을 먹는 사람은 사이드 메뉴로 만두를 주문하거나 우롱차 혹은 맥주 같은 음료를 곁들이는 경우가 많다. 이처럼 메인 요리 2가지보다 메인 요리에 그 외의 메뉴를 함께 주문하는 것이 일반적이다.

실제로 음식점들은 사이드 메뉴로 고객 1인당 평균매입액을 높임으로써 수익을 내는 경우가 많다.

이런 판촉 기법을 '교차 판매' 또는 '크로스 셀링(Cross-selling)'이라고 한다. 햄버거를 구입한 고객에게 감자튀김을 권하거나 아이패드를 구매한 사람한테 케이스와 액정 보호 필름을 추천하는 일, 액정 보호 필름을 구입한 사람에게 필름을 붙여주는 서비스를 권유하는 일 등이 교차 판매의 대표적인 예이다. 이처럼 교차 판매는 수많은 판매자들이 매일 반복적으로 실천하는 판매 전략 중 하나다.

이런 판매 기법은 사업에 적극적으로 도입해야 한다. 꼭 물건을 판매하는 사업이 아니더라도 교차 판매 전술은 얼마든지 활용할 수 있다. 가령 타로나 사주 같은 유형의 사업을 한다면 상담으로만 끝낼 것이 아니라 운명 감정서 같은 자료를 판매하거나 행운의 부적 같은 소품을 함께 파는 방법도 고려할 수 있다.

아니면 상담시간을 연장하는 판매 전술도 있다. 라멘으로 비유하자면 곱빼기를 선택하도록 유도하는 방법이다.

이런 판촉 기법을 '상향 판매' 또는 '업 셀링(Up-selling)'이라고 부른다. 햄버거를 사러 가면 '500원만 추가하시면 사이즈를 라지로 업그레이드 할 수 있는데 어떻게 하시겠어요?'라고 점원이 권유하곤 하는데 우리 주변에서 가장 흔히 볼 수 있는 상향 판매 전략의 예이다.

이렇게 객단가를 높이기 위해서는 사이드 메뉴처럼 함께 팔릴만한 3번째 상품을 고민해야 한다.

4번째로 만들어야 하는 상품

앞에서 사업의 바탕이 되어줄 상품에는 유인 상품과 주력 상품이 있다고 설명했다. 그런데 사실 주력 상품은 다시 두 가지 종류로 나누어진다.

그 중 하나는 일회성 매출을 형성하는 '단발성 수익 상품'이다. 거래가 일어날 때마다 단발적인 매출이 기록되기 때문에 지속적인 이익은 얻을 수 없다. 일반적으로 음식점에서 파는 메뉴들을 단발성 수익 상품의 전형적인 예라고 보면 된다.

다른 하나는 소액이라도 반복적인 매출이 기록되는 '지속형 수익 상품'이다. 고객과 월정액제 계약을 맺거나 회비를 받는 식으로 지속적인 수익을 낼 수 있는 상품이나 서비스를 지칭한다.

사업을 안정적으로 성장시키기 위해서는 이 두 가지 주력 상품이 모두 필요하다.

그렇다면 단발성 수익 상품만 존재하는 음식점에 지속형 수익 상품을 도입하기 위해서는 어떻게 해야 할까? 회원제 서비스를 만들거나 택배 정기 구매 서비스를 도입하는 방법도 있고 사업체를 프랜차이즈화해서 가맹수수료를 받는 식으로 설계함으로써 반복적인 수익을 창출할 수도 있다.

단발성 수익 상품과 지속형 수익 상품을 잘 조합하면 매출이 올라가면서 경영이 안정된다. 사업이 안정되지 않으면 언제까지나 부업 단계에 머물 뿐이다. 직장인 신분을 졸업하려면 안정된 사업 모델 구축은 필수불가결하다.

다시 말해서 4번째 상품은 지속적인 매출을 기대할 수 있는 지속형 수익 상품으로 기획해야 한다. 예를 들어 매달 혹은 월 회비를 받을 수 있는 상품이나 6개월분의 계약을 체결하는 것이 이에 해당한다.

사업을 할 때는 우선 단발성 수익 상품이자 다소 고가에 속하는 주력 상품과 이를 체험해 볼 저렴한 유인 상품을 소개한 다음 사이드 메뉴에 해당하는 단발성 수익 상품을 기획해야 한다. 여기에 적은 액수라도 상관없으니 일정한 금액이 꾸준히 결제되는 지속형 수익 상품을 추가적으로 마련하도록 하자. 1~3번째 상품만으로는 매출이 쉽게 불안정해질 수 있으니 4번째 상품까지 준비한 후 순서대로 고객의 구매를 유도하는 방식이 가장 바람직하다.

최강의 아군, 충성 고객 만들기

앞서 설명했듯이 매출이 안정되려면 지속형 수익 상품 개발은 필수적이다. 프리랜서나 소규모 회사가 오래 가기 힘든 원인도 여기에서 찾을 수 있다. 지속형 수익 상품이 아니라 운에 좌우되기 쉬운 단발적인 제안 위주로 일이 들어오기 때문이다.

안정적 매출과 지속형 수익 상품이라는 말에 뭔가 내용이 점점 어려워지고 이해하기 힘들다고 느끼는 사람이 있을지도 모르겠다.

확실히 부업으로 시작해 갑자기 장기 고문 계약을 맺거나 대규모

회원 조직을 만드는 일이 결코 간단하지는 않다. 흔히들 반복적으로 사는 소모품을 판매한다 하더라도 초기에는 상품 노출 자체가 쉽지 않을 수 있다.

하지만 내가 판매하는 상품을 선호하는 사람이나 단골 고객을 조금씩 늘려가는 정도로 생각하면 결코 불가능한 일도 아니다.

이탈리아의 경제학자 빌프레도 파레토Vilfredo Pareto가 창안한 경제 이론인 '2 대 8의 법칙'은 '파레토 분포'라고도 불리며 사회과학적 현상을 설명하는 데 널리 사용된다. 이 법칙을 응용해서 생각해보면 '매출의 80퍼센트는 20퍼센트의 충성 고객이 만든다'는 사실을 알 수 있다.

이처럼 나의 상품이나 브랜드를 좋아해주는 고객이 반복적으로 장기간에 걸쳐 충성 고객이 되어 주면 사업은 비교적 쉽게 안정감을 갖고 유지될 수 있다.

충성 고객은 타 회사에 비슷한 상품이 있어도 현혹되지 않고 기존에 거래하던 곳의 제품을 구입해준다. 게다가 적절한 상품과 서비스를 유지한다면 오랜 기간 반복해서 구입해주는 고마운 존재다.

'지속형 수익 상품 개발'이라는 말이 너무 어렵게 느껴지는 사람은 충성 고객이 되어줄 나만의 팬을 만든다는 개념으로 접근해보자.

결코 어려운 일은 아니다. 고객을 진심으로 생각하고 고객이 바라는 서비스를 고객의 기대치를 뛰어넘는 수준으로 제공하면 누구나 나의 팬이 되어준다는 사실을 기억해두자.

30 min

사업을
시작해보자!

3가지 경쟁력 키우기(상품성, 홍보력, 신용도)

여기까지 온 이상 사업을 향한 첫발을 내딛지 않을 이유가 없다. 목표로 삼은 인물이나 자신의 경험을 돌아보며 사업 아이디어를 찾고 그 아이디어를 실현 가능한 크기로 철저하게 세분화해서 상품을 만든 뒤 아침저녁 30분 안에 업무를 처리할 수 있는 시스템이 갖춰지면 드디어 본격적으로 사업을 시작할 단계에 돌입한다.

고객에게 상품을 소개하고 사업을 시작하기에 앞서 항상 염두에 둘 사항이 있다. 바로 사업 성공에 꼭 필요한 3가지 경쟁력인 '상품성, 홍보력, 신용도' 향상에 지속적인 노력을 기울여야 한다는 점이다.

'상품성'이란 상품의 매력과 유용성을 말한다.

어쩌면 지금까지 고생해서 만든 상품이나 서비스가 전혀 팔리지 않는 상황이 생길지도 모른다. '이 부분이 별로고 저 부분이 부족하다'는 식의 부정적인 의견이 잔뜩 들어올 가능성도 있다. 그럴 때는 빠르게 현실을 받아들인 후 개선점을 찾는 유연함이 필요하다. 상품의 문제점이나 기능을 보다 좋게 개선해 상품성을 끌어올려야 한다. 본인의 상품이 완벽하다는 독선은 절대 금물이다.

'홍보력'은 정보를 넓고 깊이 있게 전달하는 힘을 말한다.

상품에 대한 정보만이 아니라 만든 사람에 관한 정보부터 브랜드까지 사람들에게 알리는 능력이기도 하다.

직장인인 채 사업을 시작할 때는 우선 홈페이지나 블로그, 트위터, 페이스북 같은 수단을 홍보에 활용하는 편이 간단하다. 그리고 홍보력은 꾸준히 정보를 내보내야만 길러진다는 사실을 항상 명심하도록 하자.

'신용도'는 말 그대로 믿음을 주는 정도를 나타낸다.

고객에게 신용을 얻으면 상품은 팔리게 되어 있다. 이처럼 판매와 직결되기 때문에 신용도는 높을수록 좋으며 신용도를 높이기 위해서는 다양한 방법을 활용할 수 있다.

　신용도를 높이기 위해서는 우선 좋은 상품을 지속적으로 판매해 실적을 쌓아나가는 것이 중요하다. 그 외에도 믿을 만하거나 권위 있는 사람을 통해 상품을 소개하거나 텔레비전 또는 신문 같은 매체에 언급되어도 신용도는 올라가게 된다. 경험이나 지식을 전달하는 사업 모델이라면 먼저 출판을 통해 독자들의 믿음을 얻는 방법도 있겠다.

　앞으로 실천에 옮길 행동들이 이 3가지 능력 중에서 어느 부분을 강화하는 데 도움이 되는지 이해하고 움직인다면 사업에 필요한 경쟁력을 두루 갖추게 될 것이다.

상품이 완성되면 알려야 한다

　상품은 만들기만 해서는 결코 팔리지 않는다. 상품의 존재와 매력을 많은 이들에게 알려야만 사고자 하는 사람이 나타난다.

　처음부터 홈페이지 등의 온라인 공간을 만들고 시작하면 가장 효과적이겠지만 그런 매체를 만드는 데만도 시간이 부족한 경우에는 블로그나 페이스북, 인스타그램 같은 SNS를 활용해 어떤 정보든지 꾸준하고 빠르게 올리는 식으로 홍보를 시작해야 한다.

아직 사업 아이템이 확정되지 않은 시기에는 돈을 들여 홈페이지를 만들기보다 무료 서비스를 이용해 스스로 홈페이지를 만드는 것이 포인트다. 갑자기 큰돈을 투자해 사이트 형식을 고정하기보다는 시행착오를 겪으면서 이리저리 바꿀 수 있도록 두는 편이 중요하다.

'잘하는 분야가 아니면 외주를 주는 편이 낫지 않나?'
'기술도 없는데 직접 홈페이지를 만들려면 너무 어렵지 않을까?'

물론 이런 의문이 들 수도 있다.

하지만 애초에 홈페이지 보유가 주된 목적이 아니다. 그보다는 회사에 대한 안내나 상품 상세 설명, 법률적인 표기, Q&A 방식처럼 회사를 꾸리기 위해 준비해야만 하는 정보를 갖춰간다는 점이 더욱 중요하다.

우선 경쟁 상대가 될 만한 회사의 홈페이지를 유심히 살펴보자. 분명 다양한 정보가 실려 있을 것이다. 회사에 대한 안내는 물론이고 대표의 인사말과 프로필, 상품 상세 설명, 주의사항 등 다양한 정보가 잘 정리되어 있다.

이런 정보를 빠짐없이 전하기 위해서라도 타사 홈페이지를 체크리스트 삼아 직접 글을 작성해봐야 한다.

예전에는 관련 기술이나 경험이 없으면 홈페이지를 만들기 어려웠지만 지금은 초보자도 간단히 만들 수 있는 서비스들이 늘어났다.

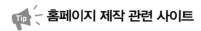

홈페이지 제작 관련 사이트

홈페이지를 무료로 제작해 주는 곳은 없다고 봐야 한다. 대신 홈페이지 제작을 지원해 주는 솔루션을 무료로 지원해 주는 곳은 다양하게 존재한다. 특히 쇼핑몰을 제작하려는 경우에는 결제시스템이 필요한 만큼, 이에 대한 지원 여부를 미리 확인하는 것이 중요하다.

후이즈: http://whois.co.kr
드물게 무료홈페이지 제작을 지원해 주는 사이트. 도메인 등록과 웹호스팅 등을 원스톱으로 처리할 수 있다.

윅스 : https://ko.wix.com
홈페이지 제작툴을 무료로 지원해주며, 다양한 템플릿을 제공해준다. 모바일 반응형도 함께 지원하고 있다.

모두 : https://www.modoo.at
쉽고 간결하게 누구나 무료로 홈페이지를 제작할 수 있다. 업종별 템플릿 제공을 통하여 간단하게 원하는 홈페이지를 제작해 볼 수 있다.

고도몰 : https://www.godo.co.kr
무료 쇼핑몰 제작 지원 사업을 진행하고 있다. 특히 소상공인과 창업을 준비 중인 업체를 대상으로 결제 시스템과 도메인 등록 비용 등을 1년간 지원하는 사업을 진행 중이다.

그럼에도 효율적인 시간 활용 측면에서 홈페이지 제작을 전문가에게 맡기고 싶을 수도 있다. 사업 아이디어가 이미 정해진 경우에는 물론 전문가에게 맡겨도 상관없다. 아니, 오히려 그 편이 더욱 바람직한 결과를 내기도 한다.

다만 전문가한테 의뢰하는 경우에는 디자인 위주의 홈페이지 제작 회사가 아니라 사업적인 상담에 응해주는 마케팅 계열 회사에 의뢰하는 쪽을 추천한다. 홈페이지는 디자인보다 그 안에 실린 내용이 더욱 중요하기 때문이다.

홈페이지 제작을 스스로 하건 전문가한테 의뢰하건 상관없지만 그 안에 들어갈 내용만큼은 본인이 직접 작성해야 한다는 점을 잊지 말아야 한다. 업체 측에서 아무리 사업적인 조언을 해준다고 해도 결국 정보를 전해야 하는 쪽은 어디까지나 대표 본인일 뿐이다. 그러니 아침저녁 30분의 시간을 잘 활용해서 정보를 쌓아가도록 하자.

약간 전문적인 내용이긴 하지만 홈페이지를 본격적으로 만들 때는 독자 도메인을 등록하는 편이 좋다.

'독자 도메인'이란 나의 소유가 되는 홈페이지 주소(URL)를 말한다. 유료 서비스지만 1년에 몇만 원 정도면 이용이 가능하다.

 도메인 등록 관련 사이트

가비아 : https://domain.gabia.com

카페24 : https://www.cafe24.com

후이즈 : https://domain.whois.co.kr

고도몰 : https://domain.godo.co.kr

도메인 등록비용과 지원 서비스는 각 회사별로 차이가 있으므로 자신에게 적확한 내용을 확인한 후 선택하면 된다.

홈페이지 글 작성하기

홈페이지 디자인을 아무리 예쁘게 꾸며도 고객은 제 발로 찾아오지 않는다. 세상에는 무수히 많은 홈페이지가 존재하고 대부분은 그냥 파묻혀 있다. 홈페이지는 고객이 발견해줄 때 비로소 가치가 생기는 셈이다.

고객의 눈에 띄기 위해서는 너무나 당연하게도 홈페이지에 실린 정보가 가치 있어야 한다. 그러려면 정보의 질과 양, 최신성이 매우 중요해진다.

홈페이지에는 회사에 관한 선전 글만 올릴 것이 아니라 미래의 잠재 고객을 위한 정보와 그들이 필요로 하는 정보를 충분히 실어야 한다. 그러다 보면 자연스럽게 검색에 걸리면서 고객들이 사이트의 존재를 인식하게 된다.

우선은 잠재 고객에게 홈페이지가 노출되도록 신경 쓰면서 유인 상품 구입이나 문의, 자료 요청, 정기 뉴스레터 구독과 같이 어떤 형태로든 고객의 반응을 끌어낼 수 있게끔 홈페이지를 구성하는 데 힘써야 한다.

그렇다면 어떻게 해야 잠재 고객을 끌어당기면서 긍정적인 반응을 유도하는 홈페이지가 될 수 있을까?

앞에 설명했던 내용을 다시 한 번 떠올려보자. 나만의 경험을 가르치는 지식 제공 사업을 할 때 노하우를 100단계로 나누는 방법을 추천하면서 블로그에는 1~20단계까지를 무료로 공개한다는 팁을 설명했다. 이처럼 홈페이지에도 유입이 될 만한 정보를 가득 올려야 한다.

최신 정보를 유지하는 의미에서도 홈페이지에 블로그 기능을 곁들여 항상 새로운 정보를 추가할 수 있도록 하자.

잠재 고객은 해당 상품이나 서비스를 구입했을 때 어떤 결과를 얻게 될지에 굉장히 관심이 많다. 그리고 홈페이지를 통해 가능한 한 많은 양의 정보를 얻어서 의문에 대한 답을 확인하고 싶어 한다.

'사기 당하는 건 아니겠지?'
'서비스는 제대로 제공될까?'
'과연 내가 원하는 결과나 성과를 얻을 수 있을까?'

잠재 고객들이 지닌 이 같은 의문과 불안감, 고민거리에 확실한 답을 내어주는 홈페이지를 만들다보면 매출은 자연스레 뒤따라온다.

홈페이지에 많은 사람을 끌어모으자

앞서 말했듯이 잠재 고객이 지닌 의문과 불안, 고민거리에 답을 주는 홈페이지를 만들면 자연스레 고객이 모여 들기 마련이다. 그 중 대부분은 검색 엔진을 경유하여 유입된다.

검색 엔진 경유보다 더욱 즉각적인 효과를 보고 싶다면 홈페이지 주소를 트위터나 페이스북 같은 SNS에 공유하면 된다. 잠재 고객의 고민거리 해결에 도움이 될 만한 정보가 실린 페이지라면 많은 사람들이 '좋아요'를 눌러주거나 주소를 공유하고 리트윗을 하기 때문에 보다 빠르고 폭넓게 홈페이지가 알려지는 효과를 기대할 수 있다.

다만 SNS를 활용할 때는 약간의 주의가 필요하다. 페이스북이나 기타 SNS 계정이 회사 사람들과 연결되어 있을지도 모르기 때문이다. 만약 그렇다면 SNS에 올린 부업 관련 정보가 안 좋은 소문의 빌미로 작용할지 모른다. 최악의 경우에는 회사에 겸업 사실을 들키게 되어 문젯거리가 생길 가능성도 있다.

그러니 SNS를 활용하고자 할 때는 회사 사람들이 모르는 새로운 계정을 하나 만들거나 트위터처럼 본명이 아니어도 이용할 수 있는 SNS를 활용하도록 하자.

정보를 올리면 점차 세상 사람들로부터 반응이 오기 시작한다. 페이스북을 통해 메시지가 오기도 하고 홈페이지에 문의 글이 올라오기도 한다.

물론 처음에는 사업 경험이 거의 없는 상태라 이런 문의 글에 어떻게 대응하면 되는지 갈팡질팡하기 마련이다. 어쩌면 이로 인해 답변이 늦는다거나 전화를 받지 않는다며 클레임이 들어올 수도 있다.

하지만 이런 경험 하나하나를 양식으로 삼아 상품을 개선하고 서비스와 품질 향상에 공을 들이다 보면 반드시 독립이라는 좋은 결과로 이어질 날이 오리라고 확신한다.

아침저녁 30분 활용법

우선순위 정하기

아침저녁 30분이란 시간은 한가할 때면 길게 느껴지기도 하는 틈새 시간이지만 특히 출근 전의 아침 시간은 눈 깜빡할 사이에 흘러가버리고 만다. 따라서 아침 시간은 착실하게 예정대로 작업을 소화해야 한다.

이때 그날의 '급한 볼일'을 처리할 게 아니라 본인한테 '중요한 일'부터 우선해야 한다는 점이 중요하다.

도표에 보이는 ABCD의 순서대로 시간을 할애해야 본인이 정말 중요하게 여기는 일이나 목표를 손에 넣을 수 있게 된다.

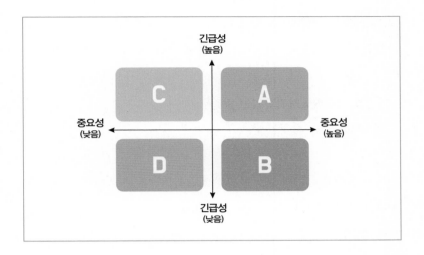

먼저 나에게 무엇이 중요하며 어떤 일이 급선무인지를 분류해보자.

어떤 사항이 A~D에 해당할지는 사람에 따라 달라지기 마련이다. 다만 창업을 목표로 하는 사람이 시간을 어떻게 나누는지 아래의 예를 한번 참고해서 살펴보도록 하자.

A: 급하고 중요한 일

가족이나 연인과 관련된 문제, 병이나 사고에 의한 간호

B: 급하지 않지만 중요한 일

부업과 관련된 일. 꿈을 이루기 위해 해야 할 일, 정보 전달과 홍보 등

C: 급하지만 중요하지는 않은 일

매일 처리해야 하는 업무, 개인적인 볼일, 그 외의 급한 용무 등

D: 급하지도 중요하지도 않은 일

회식이나 모임, 사적인 SNS 활동, 여행 등

하지만 이런 식으로 일을 분류하고도 사실 C와 D에 꽤 많은 시간을 할애하고 있지는 않을까? 실제로 시간을 어디에 쓰고 있는지 잘 살펴보면 창업을 대하는 자신의 가치관이 드러난다.

창업을 하고 싶고 중요한 일이라고 말하면서도 실상은 볼일이 조금만 생겨도 창업 준비는 뒷전으로 미루고 있지는 않을까? 꿈을 가장 중요하게 생각하는지, 현상 유지를 가장 중요하게 여기는지에 따라서 시간의 활용법은 크게 달라진다.

A에 위치한 가족이나 건강에 관련된 일은 일상생활 속에서 항상 의식해야 할 부분이다. 그보다 아침저녁 30분의 시간은 B에 위치한 일에 활용하는 편이 바람직하다.

그러기 위해서는 '부업이나 꿈을 이루기 위해 해야 할 일'을 반드시 B의 영역으로 분리해둬야 한다. 나에게 더없이 중요한 일이라는 사실을 인식할수록 시간 활용법에 스스로 변화를 주게 된다.

아침저녁 30분, 이렇게 활용하라

지금부터는 아침저녁 30분의 시간을 어떻게 활용하면 되는지 그 예를 소개해볼까 한다. 물론 책에 소개한 모든 예시를 전부 실천할 필요는 없다. 자신의 상황에 맞는 한 가지 혹은 두 가지를 택해서 한발 한발 내딛으면 된다.

[예1] 사업 아이디어를 찾아내기 전

(아침 30분)

① 오늘 나에게 어떤 정보가 필요한지 생각한다.

② ①을 수첩에 적고 스스로에게 질문을 던진다.

③ 출근 시간에 대중교통 안의 광고나 역 간판을 살펴보며 힌트를 얻는다.

(저녁 30분)

① 하루 동안 깨달은 바를 노트에 정리한다.

② 내가 좋아하는 것과 강점에 대해 고민한다.

③ 독립을 이룬 사람들의 블로그 등을 찾아 글을 읽어 본다.

[예2] 사업 아이디어를 찾아낸 후

(아침 30분)

① 누구에게 무엇을 팔 것인지 고민한다. 블로그나 야후 지혜 주머니(네이버 지식in과 비슷한 야후 재팬의 서비스 — 옮긴이 주) 등을 이용해서 리서치하기

② 비슷한 사업을 하는 사람들의 블로그를 들여다본다.

③ 은행 계좌나 SNS 계정을 개설하는 등 사업에 필요한 인프라를 준비한다.

(저녁 30분)

① 하루 동안 깨달은 바를 노트에 정리한다.

② 경쟁 상품을 조사한다.

③ 상품을 만든다.

[예3] 사업을 시작한 후

(아침 30분)

① 블로그나 SNS에 정보를 올린다.

② 메일을 체크하고 고객을 응대하거나 사무를 처리한다.

③ 새로운 기획을 생각한다.

(저녁 30분)

① 블로그나 SNS에 정보를 올린다.

② 메일을 체크하고 고객을 응대하거나 사무를 처리한다.

③ 서비스를 제공한다. 시간이 부족할 경우에는 주말 하루를 할애
한다.

아침저녁 30분으로 시작할 수 있는 사업

회사를 그대로 다니면서 아침저녁 30분의 시간으로 진행시킬 수 있
는 사업에는 어떤 종류가 있을까? 필자가 운영하는 '창업 18'의 회원
들이 시작한 사업을 예로써 소개해보려 한다.

여기에서 소개하는 사업이 회원들이 앞으로도 평생 이어갈 만한 사
업은 아닐지도 모른다. 오히려 0을 1로 바꾸기 위해 최초의 한발을 내
딛는 연습을 했다고 보는 편이 적절하다. 하지만 0과 1 사이에는 어마
어마한 차이가 존재한다. 어쨌든 해보려는 시도 자체가 중요하다.

지식 제공 사업(노하우 제공형)

- 상담(연애, 자립, 성 관련 고민, 가족 관계 등)
- 점술이나 영적인 솔루션(타로점, 풍수, 점성술 등)
- 컨설팅(WEB, 커리어, 마케팅 등)

※ 동영상을 세트로 제공하는 등 가능한 한 시간적인 부담이 적어지도록 시스템
을 만든다.

장소나 기회를 제공하는 사업(공간 · 기회 제공형)

- 스쿨 운영(유아 교육, 중국어 교실, 만들기 교실 등)
- 이벤트 운영(캠프, 미팅 주선, 타 업종 교류 모임 등)
- 사이트 운영(인력이나 상품, 서비스 등을 매칭해주는 사이트, WEB 서비스, 여행 포털 사이트 등)

물건을 제공하는 사업(제품 제공형)

- 수제품 판매(양산, 드레스, 프리저브드 플라워 등)
- 옥션에 되팔기(카메라, 가방, 인형 등)
- 제작 상품 기획 판매(문구류, 애완 용품, 원피스 등)

기술을 제공하는 사업(기술 · 서비스 제공형)

- 인터넷 업무 대행(어플리케이션 개발, WEB 제작, 동영상 제작 등)
- 실생활 업무 대행(청소 대행, 시장 조사, 번역 등)
- 기타 대행 사업(애인 대행, 대화 상대 대행, 부모 대행 등)

작은 목소리 뒤에
수많은 수요가 존재한다

전골 파티라는 아이템으로 사업을 시작한 M의 이야기를 해볼까 한다. 도쿄 내 수산대학교를 졸업한 M은 츠키지 어시장에 있는 도매 회사에 취직했다가 IT 계열 기업에 재취직한 이색적인 경력의 소유자다.

M은 츠키지의 도매 회사에서 일할 적에 알게 된 시장 상인들과의 인맥으로 신선한 아귀를 싼값에 대량으로 구매하게 되었다. 하지만 혼자서는 다 먹을 수 없는 양이라 친한 친구들을 중심으로 한 아귀 전골 파티를 기획했다. 그런데 이 전골 파티가 엄청난 호응을 얻게 된다. 지인의 입에서 입으로 전골 파티에 대한 소문이 번져 갔고 급기야 전골 파티를 주최해달라는 요청이 상당히 늘었다고 한다.
원래 처음에는 본인의 집에서 파티를 열었지만 인원이 너무 많아지다 보니 어느새 공간을 빌려서 파티를 개최하기에 이르렀다.

직장을 다니다보면 신선한 제철 어패류를 다양한 사람들과 어울리며 먹을 수 있는 기회가 좀처럼 드문 것이 현실이다. 설령 있다고 해도 회사에서 송년회를 할 때나 동료들과 술집에 가는 정도일 뿐이다.

회사 밖의 사람들과 교류하고 싶어 하는 사람은 많지만 공통된 화제가 없으니 어색하진 않을까 고민이 되기 마련이다. 하지만 전골 파티에서는 맛있는 음식을 함께 먹으면서 일종의 유대감이 생기기 때문에 이 점이 사람들에게 호응을 얻었던 듯하다.

몇 사람의 요청에서 시작된 이 전골 파티는 현재 연간 1,000명 이상이 참여하는 대규모 이벤트로 성장했다.

M은 이에 그치지 않고 사업 영역을 더욱 확대했다. 주부들로부터 생선 요리를 할 때 겪는 어려움을 듣고 나서 즐겁게 요리 연습을 할 수 있는 이벤트를 하나하나 주최하고 있다. 페이스북에 이벤트 정보를 올리게 된 후로는 혼자 부임한 회사원부터 신부 수업을 하는 여성까지 다양한 고객이 참석하는 이벤트 회사로 발돋움했다. 이벤트를 주최할 때마다 마감 사례를 일으킬 정도로 인기를 얻고 있다고 한다.

몇몇 사람의 고민거리와 요청에서 사업의 힌트를 얻고 이를 착실히 성장시킨 바람직한 사례다. 한 명의 고객 뒤에는 같은 고민이나 바람을 안고 있는 1,000명의 고객이 있다는 사실이 증명된 사례이기도 하다.

M의 사례에서도 알 수 있듯이 결국 사업은 고객의 고민을 해결하는 데서 출발해야 한다. 게다가 상품과 서비스의 존재를 여러 사람에게 알리는 일이 얼마나 중요한지 한 번 더 마음에 새기는 계기가 되었으면 한다.

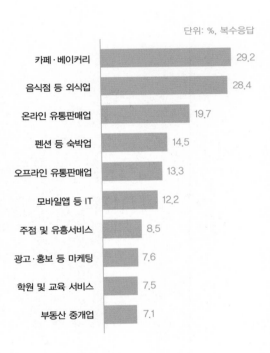

참고

한국의 직장인 창업 희망 분야

단위: %, 복수응답

분야	비율
카페·베이커리	29.2
음식점 등 외식업	28.4
온라인 유통판매업	19.7
펜션 등 숙박업	14.5
오프라인 유통판매업	13.3
모바일앱 등 IT	12.2
주점 및 유흥서비스	8.5
광고·홍보 등 마케팅	7.6
학원 및 교육 서비스	7.5
부동산 중개업	7.1

출처: 사람인

5장

창업에서 독립으로

열정과 창의력이 충분하다고 해서 다 된 것은 아니다.
창업자는 좋은 시스템, 팀 그리고 효과적인 수익구조를 지니고 있어야 한다.
——

마윈(알리바바닷컴 설립자)

업무를 시각화하라

효율성을 높이는 매뉴얼화

조금씩 고객이 생기기 시작하면 이제는 업무를 매뉴얼화해야 한다. 지금까지는 시행착오를 겪거나 임시방편으로 그때그때 처리해온 업무를 명확하게 문서로 정리해보자.

'매뉴얼을 만든다니……. 왠지 귀찮을 거 같아.'

물론 그 심정은 충분히 이해한다. 하지만 그렇게 상세한 매뉴얼을 만들라는 요구는 아니니 안심해도 좋다. 'TO DO LIST'처럼 해야 할 일을 정리한다는 개념이면 족하다. 항목을 만들고 번호를 붙여 누락되는 작업이 없도록 해두는 정도면 충분하다.

매뉴얼화의 가장 큰 장점은 매뉴얼만 있으면 머릿속이 정리되고 할 일을 이리저리 생각하지 않아도 업무 처리가 가능해진다는 점이다. 때문에 매뉴얼을 보며 작업하면 뇌의 피로도가 현저히 줄어들게 된다.

회사에서 퇴근하고 돌아와 지친 상태나 이동 시간처럼 깊이 생각할 여유가 없는 틈새 시간에도 비교적 부담 없이 효율적으로 업무를 처리할 수 있다. 아침저녁 30분으로 사업을 꾸려나가기 위해서는 업무의 매뉴얼화가 필수인 셈이다.

3장에서 무언가를 지속하고자 할 때는 되도록 노력을 적게 들이고도 실천할 수 있게끔 일의 단위를 작게 나누라고 강조한 바 있다. 업무의 매뉴얼화나 체크 리스트의 작성은 바로 그것을 실현하는 하나의 도구가 된다.

매뉴얼화에는 이밖에도 다양한 장점이 존재한다. 매뉴얼은 업무 인수인계서로도 활용 가능하기 때문에 외부 파트너한테 업무를 위탁하는 과정이 간편해진다.

외주 비용이 발생하면 일시적인 이익은 줄어들지 모르지만 대표 본인의 자유 시간이 늘어난다. 그렇게 되면 지금까지보다 수월하게 부업을 지속할 수 있으며 매출을 확대하는 일에 좀 더 본인의 역량을 쏟을 수 있게 된다.

매뉴얼화의 장점은 아웃소싱을 간단하게 해주는 일에 그치지 않는다.

예를 들어 경험을 가르치는 노하우 제공형 사업에서 대표 본인이 강의하는 모습을 동영상으로 촬영해두면 나중에 강사를 양성하고자 할 때 하나의 강의 매뉴얼로써 활용할 수도 있다. 게다가 그 동영상이 상품이 될 가능성도 열려 있다. 그렇게 되면 본인이 움직이지 않아도 매출을 올리는 일이 가능해진다.

동영상 촬영 작업 역시 카메라 설정 방법이나 편집 방법을 매뉴얼로 만들어 두면 다음에 촬영할 일이 생겼을 때도 '저번에는 어떻게 했더라?' 생각하느라 시간을 낭비하는 일 없이 순조롭게 촬영을 진행하게 된다.

물품 · 자금 · 서류 · 정보의 흐름을 시각화하라

본업이 있어도 아침저녁 30분만으로 문제없이 부업과 관련된 업무를 수행하기 위해서는 업무를 효율적으로 구성하는 것이 중요하다. 비용 절감과도 직결되는 문제이니만큼 반드시 현재의 시점에서 업무의 효율화에 도전하도록 하자.

업무를 효율화하기 위해서는 우선 업무의 전체적인 그림부터 파악해둬야 한다.

먼저 일상적인 업무의 흐름을 순서도로 작성해보자. 물품의 흐름과 돈의 흐름, 서류의 흐름, 그리고 정보의 흐름을 정리해서 종이에 써내려가다 보면 불필요한 부분이나 비효율적인 부분이 눈에 들어오게 된다. 별로 자신이 없는 일이라 가장 먼저 아웃소싱을 맡길 부분이 무엇인지도 깨닫게 된다.

해외 온라인 경매 사이트이자 인터넷 쇼핑몰인 '이베이(eBay)'를 활용해 수출 사업을 하던 M의 이야기를 예로 들어보자. M은 원래 아무런 의문 없이 직접 구매한 상품을 혼자서 검품하고 포장한 다음 이베이에서 주문이 들어오면 본인이 직접 상품을 우체국까지 들고 가서 해외로 발송하는 식으로 업무를 처리해왔다. 그런데 부업 때문에 자꾸 휴일에도 쉬지 못하는 상황이 벌어지자 괴로운 나머지 항상 하는 업무를 한번 순서도로 나타내 보았다. 그러자 포장과 발송 작업을 중단하면 정신적으로 부담을 느껴 왔던 업무의 80퍼센트가 사라진다는 사실을 깨닫게 되었다고 한다.

게다가 개인 시간이 늘어나니 가족과 함께 시간을 보낼 수도 있었다. M은 망설임 없이 아르바이트 직원을 채용했고 포장과 발송 매뉴얼을 건넨 후 비로소 자유 시간을 손에 넣었다.

현재는 취급하는 상품 수를 늘리면서 아르바이트 직원의 인건비까지 충분히 감당할 수준의 이익을 내고 있다.

다양한 방식으로 영업력을 강화하라

앞서 4장을 통해 2종류의 상품을 설명한 바 있다. 바로 유인 상품과 주력 상품이다. 이들의 개념을 설명하면서 교차 판매와 상향 판매 및 단발성 수익 상품과 지속형 수익 상품에 대해서도 간단하게 소개했었다. 이 개념들을 다음 페이지의 도표처럼 한 장의 종이 위에 정리해보자.

이렇게 회사의 상품 구성을 도표로 나타내보면 판매 촉진을 어떻게 진행하면 좋을지 또는 강화해야 할 부분은 무엇인지 깨닫게 된다.

다음에는 조금 전 정리한 상품 구성 도표에 모객과 영업의 기반이 될 만한 도구를 선으로 연결해보자.

직장인 신분으로 부업을 시작하는 것이기 때문에 현재 근무하는 회사 수준의 영업 활동을 혼자서 진행하는 일에 상당한 어려움이 예상된다. 따라서 사업 파트너와 함께하는 방법이나 인터넷으로 고객을 모으는 방법, 커뮤니티에 가입해 사람들한테 소개를 받는 방법 등 가

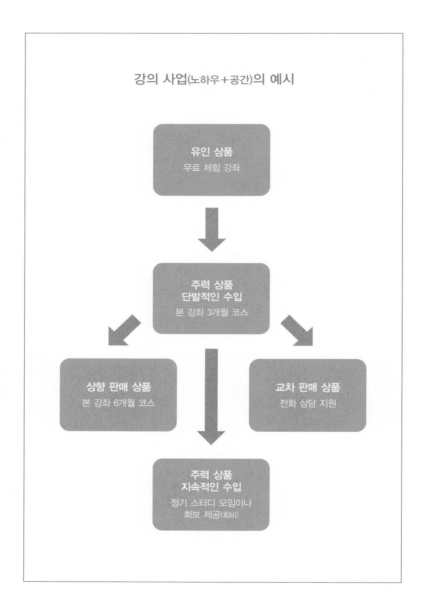

강의 사업(노하우+공간)의 예시

유인 상품
무료 체험 강좌

주력 상품
단발적인 수입
본 강좌 3개월 코스

상향 판매 상품
본 강좌 6개월 코스

교차 판매 상품
전화 상담 지원

주력 상품
지속적인 수입
정기 스터디 모임이나
회보 제공(회비)

능성 있는 모든 영업 기반을 적어 넣고 이를 선으로 연결해두도록 하자. 그리고 각각의 기반을 어떤 식으로 강화해갈지 고민하면 된다.

영업 역량을 강화하는 데 필요한 도구는 홈페이지나 SNS만 있는 것은 아니다. 정기 뉴스레터나 동영상도 얼마든지 활용 가능하다. 그 외에도 전단지나 명함, 유인물, 파워포인트로 만든 프레젠테이션 자료, 서적 등 영업에 관련된 도구는 무궁무진하다.

이런 방편들을 가시화하여 한 번에 쭉 훑어볼 수 있게끔 자료로 만들어두면 잊어버릴 염려 없이 영업을 지원하는 모든 기반을 고루 활용할 수 있다.

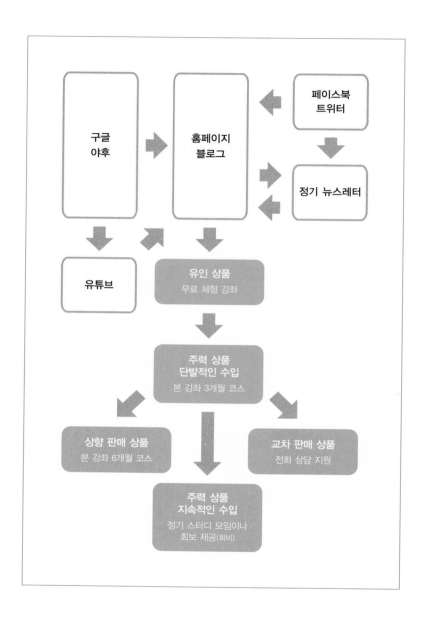

**동료와
함께 일하기**

아웃소싱과 사업 파트너

앞서 말했듯이 매뉴얼화를 진행하면 업무의 외부 위탁이 원활히 이루어진다. 여기서 잠깐! 외부 위탁, 즉 파트너와 팀을 이뤄 사업을 진행하는 것의 장점과 단점을 짚고 넘어가보자. 물론 파트너십이 친구들끼리 창업을 한다는 의미는 결코 아니니 이점에 유의해야 한다.

고지식한 타입의 창업가들은 '대표는 한 사람만 있으면 된다. 창업은 혼자서 하는 거다. 타인에게 의지하면 성공은 불가능하다!'라며 파트너라는 단어에 민감한 반응을 보이기도 하는데 이는 잘못된 생각이다.

본업으로 다니는 회사 역시 사람을 고용해서 사업을 꾸린다. 고용

된 사람은 자신을 그냥 직원이라 여길지 모르지만 동시에 사장의 비즈니스 파트너이기도 하다.

부업으로 소소하게 시작하는 입장에서 갑자기 직원을 고용하기는 어려운 일이다. 그러니 상황에 맞는 사업 방식을 선택하거나 누군가와 팀을 이루는 편이 바람직하다.

아웃소싱은 함께 일할 파트너를 만드는 하나의 방법이 된다.

아웃소싱에도 두 가지 종류가 있는데 하나는 의뢰하는 쪽에서 프로세스의 세부적인 부분까지 지시를 내리는 방식이고 다른 하나는 일정한 권한을 아웃소싱 업체에 주고 성과만을 요구하는 방식이다. 둘 중어느 쪽을 선택하든지 갑을 관계가 형성되는 파트너십 계약이란 점이특징이다.

아웃소싱은 돈만 투자하면 누구나 바로 이용할 수 있다는 장점이있다. 명함이나 전단지, 홈페이지 제작처럼 특별한 기술이 필요하거나시간을 단축해야 할 때는 아웃소싱에 적극적으로 투자하여 전문가의힘을 빌리도록 하자.

파트너의 종류에는 이른바 '제휴'라고 불리는 사업 파트너도 있다.

제휴는 대부분 대등한 파트너십을 형성한다. 간혹 합작하여 하나의회사나 협회를 설립하는 경우도 있지만 규모가 작은 회사끼리는 프로

젝트 단위로 제휴를 맺고 각기 다른 역할을 맡아서 완수하는 방식을 흔히 사용한다.

예를 들어 함께 세미나를 개최한다면 한 사람이 모객을 담당하고 또 한 사람은 콘텐츠 제작과 강의를 담당하는 식으로 진행된다.

직장을 다니며 부업으로 사업을 시작한 사람한테는 사업 파트너를 두는 편이 상당한 이점으로 작용한다.

사업 파트너를 두는 최대의 장점은 행동력이 강화된다는 데 있다. 혼자서 모든 일을 처리하려 할 때는 몸과 마음이 잘 따라주지 않았는데 동료와 함께 하다 보면 책임감과 함께 관계가 형성되기 때문에 바로바로 실행에 옮기게 되고 결정도 빨라지게 된다. 현재는 사업 초창기라 실적이 없어서 제휴를 맺자고 하기에는 어려움이 있을지도 모르지만 사업이 어느 정도 궤도에 올라오면 제휴를 적극적으로 검토해야 한다.

아웃소싱과 사업 파트너는 한 사람보다 두 사람 정도 찾을 것을 추천한다.

파트너 한 명 한 명 처리할 수 있는 일이 다를뿐더러 무슨 일이 생겼을 때는 다른 파트너가 대신하여 일을 도와줄 수 있기 때문이다.

또한 파트너 한 사람한테 너무 의존하다 보면 그 사람과 더 이상 일을 할 수 없게 되었을 경우에 그걸로 사업까지 끝나버릴 위험성도 존재한다.

사업 파트너를 대하는 법

기본적으로 파트너로서 함께 갈 상대는 자신과 비슷한 가치관을 지녔고 정신적으로나 경제적으로 자립한 인물에 한정해야 한다. 여기에는 몇 가지 이유가 있다. 우선 자신과 가치관이 맞지 않는 사람과 일을 하다보면 다툼이 생기거나 쉽게 스트레스가 쌓이게 된다.

게다가 의존성이 강한 경우에는 그 자체가 부담으로 작용할 수 있고 창업 초보들끼리 행동하면 성장을 기대하기 힘들다.

파트너를 찾는 방법은 다양하다. 사업가들로 이루어진 세미나나 교류 모임에 참석해서 찾아봐도 되고 어느 정도 사업이 원활히 돌아가는 상태라면 자신의 고객 중에서 적합한 사람을 찾아보는 방법도 추천한다. 어쨌든 우수한 파트너를 만나기 위해서는 보다 많은 사람을 만나볼 필요가 있다.

나의 경험이나 과거를 돌이켜보는 작업을 하다 보면 자신의 가치관이나 업무 스타일도 깨닫게 된다.

그렇게 깨달은 나의 가치관이나 업무 스타일과 맞는 사람 중에서 나에게 없는 기술이나 재능을 지닌 사람을 찾아보자. 사고방식에 공감이 간다거나 함께 해나갈 수 있겠다는 느낌이 드는 사람, 배울 점이 많아 보이는 사람이라면 적극적으로 파트너십에 관한 의사 표시를 하는 편이 바람직하다.

예를 들어 영업이나 고객을 모으는 업무에 자신이 없다면 고객을 많이 보유한 사람 위주로 접근하는 편이 도움이 된다. 그 사람의 인맥을 소개받게 된다면 여러 사람한테 자신의 존재를 알릴 수 있는 기회가 생기는 셈이다.

또한 이미 독립한 사람과 파트너십을 맺고 상대편이 본인의 회사를 대리해준다면 나의 얼굴이나 이름을 공개하지 않아도 신용도를 유지한 채 사업이 가능해진다. 게다가 본업에 종사하느라 고객 대응이 힘든 오후 시간대의 업무를 파트너 측에서 보조해줄 수도 있다.

파트너십을 맺고자 할 때는 '주고받기'가 아니라 '주고 또 준다'는 정신으로 임해야 한다. 사업의 세계에서 아직 한참 아래 단계에 위치한 사람이 자신의 이익만 생각하는 모습을 보이면 상대는 결코 움직여주지 않는다.

처음에는 철저하게 상대를 위한다는 생각과 보상 따위 바라지 않는다는 마음가짐으로 파트너십에 뛰어들도록 하자.

홍보력을
극대화하라

선전이나 광고에 투자하자

지금까지 잘 따라 왔으면 이미 사업이 어느 정도 돌아가고 있거나
혹은 막 시작하는 단계에 도달했으리라 생각한다. 비행기가 활주로를
달려 나가는 느낌으로 말이다. 이제 회사를 그만두는 방안도 시야에
들어오게 된다.

그런데 기껏 여기까지 노력해왔음에도 실패하는 사람이 있기도 하
다. 바로 부업으로 번 수익을 '소비'에 써버린 사람과 모든 일을 무료
로 처리하려 들면서 절대 사업을 위해 투자하지 않는 부류이다.

부업으로 얻게 된 수익을 그대로 '소비'에 쓰는 사람의 패턴은 대개 비슷하다. 직장을 계속 다니면 월급이 들어오기 때문에 부업으로 생긴 이익은 자신의 용돈처럼 여기며 쉽게 유흥이나 오락에 사용해버린다. 하지만 이런 식의 태도로는 사업은 언제까지나 제자리걸음할 뿐이다. 사업을 성장시켜 월급을 웃도는 수익을 내기 위해서는 사업에 대한 투자가 반드시 필요하다.

한편 모든 일을 공짜로 해결하려 들면서 절대 투자하지 않는 사람은 사업적으로 도약해야 하는 시기에 와서도 절대 전문가의 손을 빌리지 않고 무료로 일을 처리하려 한다.

홈페이지나 전단지 역시 직접 만들고 극히 질이 낮은 경우가 많아 과연 독립한 후에 계속 고객의 관심을 끌 수 있을까 의심스러운 상황을 보기도 한다.

독립을 내다볼만한 타이밍이 오면 독립 후의 모객으로 이어질 선전이나 광고에 투자해야 한다. 홈페이지는 물론이고 전단지나 명함처럼 비용을 지출해도 잠재 고객을 모으는 역할을 해줘 회수될 가치가 있는 광고 수단에 투자하도록 하자.

회사를 그만두기 전까지는 여전히 실패가 용인된다. 그러니 현 시점에서 광고에 한번 투자해보자. 회사를 그만둬도 먹고 살만큼의 주문이 들어올 수 있을지 가능성을 확인해 볼 절호의 기회이니 말이다.

광고에 의해 많은 잠재 고객의 유입에 성공한다면 이는 독립 후에
도 성과로 이어질 수 있는 유익한 투자가 된다.

페이스북과 PPC 광고를 활용하자

잠재 고객이 유입되는지 아닌지를 판단하기 위해서 먼저 페이스북
광고를 활용해보자.

페이스북 광고란 PC버전에서 페이스북의 뉴스피드 스크롤 화면이
나 페이지 우측에 세로 방향으로 들어가는 칼럼 광고란에 노출시킬
수 있는 유료 광고를 말한다.

뉴스피드는 페이지 중앙에 위치한 항목으로 개인이 페이스북으로
팔로우하고 있는 사람의 소식이나 페이스북이 보여주는 기사로 항상
업데이트 되는 영역이다. 여기에 광고를 표시하면 나의 페이스북 주
소나 이벤트, 홈페이지와 블로그 기사 링크로 페이스북 사용자들을
유도할 수 있다.

페이스북 광고는 비교적 저렴한 가격에 이용할 수 있다는 점이 매
력적이다. 게다가 어떤 사람에게 광고를 내보낼 것인지 세세하게 설
정하고 타깃층을 지정하는 기능을 제공해서 잠재 고객 확보를 위한
적확한 정보를 전할 수 있다는 장점도 있다.

페이스북에 광고를 내보내기 위해서는 신용카드를 등록하고 타깃

과 예산, 광고 기간을 정하면 된다.

타깃은 지역, 연령, 성별, 언어, 취미, 관심, 행동, 인맥 등의 항목을 설정할 수 있으며 예산에는 하루 단위로 설정 가능한 '일 예산'과 일정 기간으로 설정하는 '총 예산'이 있다.

광고 내용은 직접 작성해서 게시하면 된다. 동영상이나 텍스트 형식으로도 올릴 수 있지만 홈페이지가 있으니 기왕이면 광고를 올릴 때 홈페이지에서 판매하는 무료 혹은 저렴한 유인 상품의 상세 페이지 주소를 페이스북 페이지에 소개해보자. 이 게시글을 확산시키면 고객을 모으는 동시에 홈페이지 주소를 간접적으로 홍보하는 일석이조의 효과를 볼 수 있다.

다만 광고를 올릴 때 실수로라도 주력 상품을 소개하는 일은 없도록 주의를 기울이도록 하자. 갑자기 비싼 상품을 소비자에게 들이밀어 봤자 결코 팔리지 않는다.

페이스북에 올린 광고를 경유하여 홈페이지의 정기 뉴스레터 등록이 늘어나거나 예를 들어 목표로 삼았던 고객층에서 2~3만 원 정도의 체험 강의 구입이 이루어지면 앞으로도 그 상품은 팔릴 가능성이 있다고 판단할 수 있는 기준이 된다.

반대로 무료 체험 상품인데도 전혀 반응이 없는 경우에는 상품에 대한 재검토가 필요하다고 판단해야 한다. 타깃을 잘못 설정하지는 않았는지, 상품명이 어렵지는 않은지, 아니면 상품 내용 자체에 근본적으로 문제가 있는 건 아닌지 여러 가지 요소를 고려하면서 반응이

올 때까지 검증을 반복해보자.

사업에서 충분히 이익을 내고 있는 상황이라면 PPC 광고에 도전해봐도 좋다.

PPC 광고란 'Pay Per Click'의 약자로 클릭에 따라 과금되는 광고를 의미한다. 소비자가 검색 엔진에서 검색어 유입을 통해 광고를 클릭하면 그 횟수에 따라서 요금이 부과되는 광고 방식이다. PPC 광고를 제공하는 대표적인 사이트로는 구글 애즈(Google Ads) 등이 있다.

최근 PPC 광고는 비용이 급등하면서 다른 인터넷 광고에 비해 마케팅 초보자나 소규모 개인사업자가 접근하기에는 다소 어려운 마케팅 수단이 되고 있다. 어느 정도 자금력이 늘고 마케팅 전략에 확신이 선 다음 도전해도 늦지 않으니 장기적인 관점으로 도입을 계획해보면 좋겠다.

> **Tip ☞ PPC광고 국내 지원 사이트**
>
> 구글애즈 : https://ads.google.com
>
> 네이버광고 : https://searchad.naver.com
>
> 카카오광고 : https://ad.kakao.com
>
> 페이스북광고 : https://ko-kr.facebook.com/business/

자신의 비즈니스 타입에 따라 적절한 광고 방법을 찾아 볼 수 있다.

지역성이 강한 사업에 유용한 전단지 광고

요즘 집에서 살롱을 차리거나 수업을 운영하는 여성들인 '살로네제 salonese'의 수가 빠르게 늘고 있다. 살로네제는 네일 살롱이나 에스 테틱 살롱, 경락 마사지 숍, 요리 교실, 꽃꽂이 교실 등을 자택에서 열 고 운영하면서 취미를 즐기는 동시에 부업으로 수익을 올리는 여성들 을 가리키는 신조어다.

당연한 일이지만 아무리 살롱을 멋들어지게 차려놔도 고객을 모으 지 못하면 그냥 자기만족에서 끝이 나고 만다. 살롱은 점포형 사업이 기 때문에 다양한 지역에서 손님을 끌어 모으려면 상당한 브랜드 파 워가 필요하다. 그러니 우선은 본인이 살고 있는 지역 사람들 위주로 상대하는 것이 좋다.

이처럼 지역성이 강한 사업에서는 인터넷을 통한 광고보다 전단지 를 활용하는 편이 더욱 즉각적인 효과를 나타내는 경우도 있다.

흔히 전단지 하면 직접 손으로 쓰거나 컴퓨터 소프트웨어를 살짝 활용해서 만들면 된다는 이미지를 갖고 있을지도 모른다. 하지만 이 런 전단지야말로 전문가한테 의뢰해서 만들기를 추천한다.

세련된 캐치프레이즈나 마음을 움직이는 디자인처럼 홍보 효과가 큰 전단지를 전문가한테 맡겨서 한번 제대로 만들어두면 이후에도 계속 사용할 수 있는 유용한 홍보 수단이 되기 때문이다.

또한 유료 광고를 활용한 경우에는 고객이 어떤 매체를 경유해서 찾아 왔는지 항상 추적해야 한다.

인터넷으로 구매한 경우에는 로그 기록을 보면 대략적인 파악이 가능하다. 하지만 전화나 메일로 신청하거나 직접 점포를 방문한 고객한테는 어떤 매체를 통해서 본인의 상품이나 회사를 알게 되었는지 물어보는 편이 좋다. 다음번 광고를 맡길 때 상당한 도움이 되기도 하고 비용 절감으로도 이어지니 반드시 확인하고 넘어가도록 하자.

지역성이 강한 사업의 경우 1차적으로 고려할 수 있는 방법이 전단지를 직접 돌리거나 부착하는 방법이다. 특히 아파트와 같은 집단 주거시설이 주변에 있는 경우 해당 아파트의 관리사무소를 통하면 무료 또는 크지 않은 비용으로 출입구별 게시판에 전단지를 부착할 수 있다. 온라인을 통하여 홍보하고자 할 때는 지역별로 형성되어 있는 온라인 맘카페를 이용하면 효율적인 홍보를 진행할 수 있다. 단, 지역별 맘카페는 온오프라인에서의 파급력이 빠른 편이고, 네거티브한 상황에 대한 영향이 지대한 만큼 가입 후 충분히 분위기를 익히고 진행할 필요가 있다. 한국에서는 네이버나 다음 등의 포탈에서 제공하는 지도 서비스를 통한 광고 효과도 쏠쏠하니, 업종별 아이템과 적합하다면 고려해볼 만하다.

대중매체를 활용하자

홈페이지를 비롯한 자사 매체나 페이스북, 인스타그램 같은 SNS를 통해 홍보를 계속하다보면 텔레비전이나 라디오, 신문, 출판사 등 대중매체의 눈에 띄게 되는 경우가 있다.

대중매체에 노출되면 그 자체로 광고가 되는 것은 물론이고 매스컴에 나왔다거나 책의 저자라는 사실만으로 신뢰도가 향상되어 회사나 제품의 브랜딩에 큰 효과를 보게 된다.

대중매체에서 기획을 담당하는 이들은 항상 대중의 높은 관심을 끌 만한 가치 있는 정보와 소재를 찾아 헤맨다. 인터넷과 블로그는 그런 담당자들이 정보원으로 참고하는 매체 중 하나다.

정보의 흐름이나 유행이 시작되는 법을 숙지한 편집자일수록 다양한 블로그를 자주 들여다보면서 여러 각도로 정보를 수집한다.

그런데 블로그에 글을 쓰는 사업자는 대중매체의 기획 담당자들이 이런 식으로 인터넷에서도 정보를 모은다는 사실을 알지 못해서인지 잠재 고객이나 일반적인 소비자만을 대상으로 삼아 정보를 내보내는 경우가 대부분이다.

물론 고객 대상 홍보 활동이 가장 우선한다는 점은 맞지만 매스컴에서 한번 다뤄지면 홈페이지나 블로그를 보지 않는 사람한테도 본인의 회사나 상품에 대한 정보를 단번에 전할 수 있게 된다. 대중매체 기획 담당자의 눈에 드는 일은 곧 커다란 기회이기도 하다.

담당자가 일을 의뢰하거나 자신들의 방송 혹은 매체에 소개할 때는 다음과 같은 몇 가지 나름의 판단 기준이 존재한다.

- 회사 대표는 신뢰할만한 인물인가?(실적)
- 대표 본인 혹은 그의 주장에 많은 사람이 관심을 보일 만한가?(화제성)
- 정보를 다뤘을 때 방송이나 매체에 득이 되는 점이 있는가?

이 외에도 여러 가지 확인할 부분이 있지만 우선은 위의 세 가지가 최소한의 기준이라고 볼 수 있다.

미디어 담당자들은 여러분의 사업을 응원하기 위해서 연락을 취하는 것이 아니니 이 점을 꼭 명심해야 한다.

사업 선전만을 기대하면서 편집 담당자나 방송 혹은 매체에 도움이 되겠다는 마음을 잃어버리면 결국 나의 정보는 매스컴에서 다뤄지지 않게 된다. 그럼에도 매스컴을 타고 싶으면 돈을 들여 스폰서가 되는 방법밖에 없다.

미디어 담당자의 입장에서는 취재할 사람이 신뢰할만한 인물인지 아닌지를 판단해야 한다. 보통 과거에 그 사람이 어떤 일을 해서 성과를 쌓아왔는지가 홈페이지나 블로그에 공개되어 있는지, 혹은 기타 미디어에 소개된 적이 있는지 등이 판단의 근거가 된다.

대중매체는 어마어마한 영향력을 갖고 있지만 그만큼 하나만 실수해도 커다란 비판이 돌아오는 위험 부담이 있다. 따라서 소개할 인물을 선별하는 데도 보수적인 입장을 취하게 된다.

하지만 처음부터 대중매체에 노출되는 일은 거의 불가능하다. 그렇다고 실적이 없이는 결코 미디어에 소개될 일이 없다는 의미는 아니다. 기획의 취지나 목표에 따라 다루고 싶은 인물은 변하기 마련이다. 전문가를 구할 때도 있고 화제가 되고 있는 인물이나 반대로 아마추어를 찾는 경우도 있다. '그 유명한 ○○선생 대신 뭔가 신선한 얼굴은 없을까?'라는 식으로 늘 새로운 인물에 대한 욕구가 있기도 하다.

결국 대중매체 담당자가 발견할 수 있도록 스스로 전문가의 입장이 되어 홈페이지나 블로그에 실적이나 본인에 관한 정보를 정확히 공개해두는 일이 중요하다.

매체 담당자들이 '○○ 하면 그 사람이지.'라고 정보원으로써 인식하게 되면 취재할 일이 있을 때 연락을 받는 존재가 될 수 있다.

프로필 소개에 공을 들이자

회사를 다니면서 부업을 시도하려는 사람들은 대부분 회사에 들키면 곤란한 입장이기 때문에 가능하면 눈에 띄지 않게 자신을 숨기려하는 잠재의식이 강하게 발동한다. 그래서인지 홈페이지나 블로그를 보면 프로필을 간단히 작성해 둔 경우가 적지 않다.

그런데 '프로필이 잠재 고객에게 어떻게 인식될까?'라는 관점에서 생각해보면 상당히 아까운 일이 아닐 수 없다. 과거의 경력이나 현재 사업을 시작하기까지의 과정은 보통 수많은 잠재 고객의 공감을 얻고 마음을 움직이는 역할을 하기 때문이다.

하지만 '그런 걸 올려도 의미가 없지 않느냐' 혹은 '아무도 나한테 관심을 보일 리 없다.'고 생각하는 사람들이 의외로 많다.

어쩌면 그럴 가능성도 있긴 하다. 아무도 나의 존재에 관심을 보이지 않을 수도 있다.

하지만 마음대로 그렇게 정해서 정보를 차단하는 일은 고객의 입장에서 생각했을 때 조금 위험한 일이다.

예를 들어 대표자 본인이 현재 누군가가 제공하는 서비스를 받아볼까 고민하는 상황을 가정해보자. 정보를 얻고자 홈페이지를 찾았지만 아무리 둘러봐도 해당 서비스를 제공하는 사람에 대한 정보가 명확히 올라와 있지 않다. 이런 경우라면 과연 그 사람 또는 서비스를 신뢰하는 마음이 생길까?

자신의 정보는 사정에 의해 밝히지 못한다면서 고객의 신용카드 정보를 입력하라는 상황은 말이 되지 않는다. 물론 법률적으로 문제가 되는 일이기도 하다.

내가 그 분야에 대한 전문가라는 의식을 갖고 소비자에게 신뢰를 줄 만한 정보를 분명하게 열어 보여야 한다. 실적은 물론이고 해당 사업에 대한 열정과 고객을 향한 마음을 적극적으로 어필할 필요가 있다. 마음을 가득 담아 정성껏 쓴 글은 분명 소비자뿐만 아니라 기업 관계자나 미디어 담당자들도 읽어 줄 날이 온다.

그런데 만약 홈페이지에 본명을 밝히기 어려울 때는 어떻게 해야 할까?

이런 경우에는 앞서 설명했던 사업 파트너의 존재가 중요하게 작용한다.

물론 사업에서 사용하는 가명을 내세워서 활동하는 방법도 있지만 특정상거래법(일본의 제도로 우리나라의 전자상거래법과 방문판매법 등을 아우르는 법령이다 — 옮긴이 주)에 의하여 인터넷에서 상품을 판매하고자 할 때는 본명이나 주소, 전화번호 등 사업자에 관한 정보를 공개할 의무가 있다.

 Tip 사업자등록 없이 물건을 판매할 수 있을까?

옥션 쇼핑몰(http://www.auction.co.kr)은 개인회원 판매의 경우 1품목당 1개의 상품을 총 20품목까지 등록하고 판매할 수 있게 허용하고 있다.

네이버쇼핑(https://shopping.naver.com)의 경우 개인판매자도 등록하여 물건을 판매할 수는 있지만 다음과 같이 안내하고 있다. (네이버 스마트스토어센터 도움말 펌)

① 사업자등록 없이 이루어진 거래에 대하여 공급가액의 1%(간이과세자는 공급대가의 0.5%) 미등록 가산세 부담

② 사업자등록 없이 사업을 영위하는 경우, 세금계산서의 교부가 불가능하며 관련 매입세액을 공제받을 수 없음

③ 사업자등록을 하지 아니하여 부가가치세를 신고하지 못한 사업장의 거래에 대하여는 신고불성실 가산세와 납부불성실 가산세 추가 부담

· 신고불성실 가산세: 무신고, 과소신고의 경우 신고하지 아니한 납부세액의 10% 가산세 부담

· 납부불성실 가산세: 무납부, 과소납부의 경우 미납부 또는 과소 납부세액의 1일 0.025% (연간 10.95%)의 가산세 부담

④ 소득세를 신고하지 않은 경우 신고불성실 가산세와 납부불성 실 가산세 추가 부담(주민세 별도10%)

· 신고불성실가산세: 산출세액에서 무신고나 과소신고 해당 비 율에 대하여 20% 가산세 부담 · 납부불성실 가산세: 무납부, 과소납부의 경우 미납부 또는 과소 납부세액의 1일 0.025% (연 간 10.95%)의 가산세 부담

상기 불이익 이외에 조세범처벌법 등 관련법규에 따라 처벌 될 수 있습니다

사업자등록은 사업 개시 후, 즉 개인판매자 가입 후 바로 사업 장 소재지 관할 세무서 에서 신청하실 수 있습니다.

나 대신 판매 책임자가 되어줄 대리 회사에 상품을 팔아 달라고 부탁한 후 그 사업 파트너와만 거래를 진행하면 인터넷에 본명이 드러날 일은 없다.

상황이 여의치 않아 어디까지나 혼자서 사업상 이름으로 부업을 해야 하는 상황이라면 문의나 자료 요청 접수 정도만 홈페이지를 통해서 받도록 하고 실제로 미팅이 이루어진 이후에 상황을 설명하고 주문을 받는 시스템을 마련하도록 하자.

보도자료를 활용하자

앞에서 대중매체 기획자들도 인터넷이나 블로그를 보며 정보를 수집한다고 말했다. 하지만 하루에도 수없이 많은 홈페이지와 블로그가 개설되다 보니 뭔가 적극적인 접근을 하지 않으면서도 담당자들의 나의 정보를 간단히 발견해주길 바라기는 쉽지 않은 상황이다.

누군가의 흥미를 불러일으킬만한 프로필을 완성했으면 다음 단계로써 보도자료를 활용하는 방안을 고려해보자. 누군가가 나의 정보를 우연히 발견해주기 바라면서 손 놓고 마냥 기다리는 것은 시간 낭비일 뿐이다.

보도자료란 신상품이나 서비스에 관한 정보가 화제성 있는 기사로 다뤄질 수 있도록 각 미디어 매체에 작성해서 보내는 자료를 말한다.

기본적으로 텍스트로 작성하면 되기에 직접 만드는 일도 가능하다. 하지만 흥미를 유발하도록 글을 쓰는 일이 결코 간단한 작업은 아니다.

보도자료를 읽고 각 미디어 담당자가 흥미를 느끼게 되면 취재나

출판으로 이어지는 커다란 기회가 오기도 한다. 그러니 비용은 다소
들더라도 전문가한테 의뢰해서 작성하는 방법도 검토해보자.

독립하기 전
확인해야 할 5가지 포인트!

    이제부터 현재 회사를 그만둬도 괜찮은 시점인지 아닌지 다시 한 번 상태를 확인해보는 시간을 가져보도록 하자. 모든 항목에 '그렇다'고 대답할 수 있으면 드디어 합격이다. 그런 사람은 '사표 쓰는 법'을 검색하면서 다음 단계를 준비하면 된다.

    물론 이 책을 접한 대부분의 독자들은 이제 갓 사업 준비 단계에 돌입한 경우가 많으리라 생각한다. 그렇다면 가까운 미래에 부업이 어느 정도 궤도에 오른 시점에서 다시 한 번 이 책과 현재 페이지를 읽어보기 바란다. 지금과는 상당히 달라진 위치에서 새로운 기분으로 책을 읽어나가게 될 것이다.

그럼 본격적으로 회사를 그만두기 전에 누락된 사항은 없는지 확인
해보도록 하자.

확인 포인트 ① 부업으로 나름의 수익을 올리고 있는가?

부업으로 그다지 벌이가 시원치 않은데도 바빠져서 회사를 그만둔
다거나 본업에 대한 마음이 떠나서 그만두겠다는 발상은 위험하다.
별로 수익이 많지 않은데도 바쁘다는 사실은 아직 사업 모델이 완성
되지 않았다는 의미이기도 하다.

이때는 직장을 그만두는 식으로 시간을 만들려 하기보다 아웃소싱
부터 먼저 고려해야 한다. 아웃소싱을 진행하여 노동력과 시간을 파
는 사업 형태에서 벗어나는 등 업무 효율성을 높이는 방향으로 가야
한다. '아침저녁 30분만으로도 업무가 잘 돌아가고 있으니 이제 오후
시간만 잘 활용하면 더 많은 수익을 낼 수 있겠다.'라고 생각될 때까지
가능한 한 빠르게 시스템을 갖추도록 하자.

'수익이 어느 정도 나야 회사를 그만둬도 괜찮은가?'라는 질문에 대
한 답은 앞서 2장을 통해 이미 설명한 바 있다. 반복이 되겠지만 복습
한다는 의미에서 다시 한 번 설명하자면 독신의 경우에는 본업과 동
일한 수준의 수입이 들어올 때가 적당하고, 가족이 있는 경우에는 현
재 연봉의 2배 이상 수익이 나면서 은행에 1년치 생활비만큼의 적금
이 확보되었을 때가 독립을 논하기에 적당하다고 볼 수 있다.

창업을 하게 되면 직장인일 때와는 달리 정해진 날에 수입이 들어온다는 보장이 없다. 입금이 늦어질 때도 있고 심지어 돈을 떼이기도 하는 등 예상치 못한 다양한 상황이 벌어진다.

금융기관에서도 간단히 돈을 빌려주진 않는다. 자금 융통이 원활하지 않아서 경영을 지속하지 못하는 경우가 의외로 많으니 주의가 필요하다.

확인 포인트 ② 사업 기반 준비가 끝났는가?

사업 기반에는 크게 두 가지가 있다. 필요한 모든 기반은 회사를 그만두기 전에 준비해두도록 하자.

먼저 사업에 필요한 업무 관련 기반은 다음과 같다.

- 사업용 은행 계좌: 자신의 계좌 중에서 사업용으로 관리할 계좌를 별도로 확인할 필요가 있다. 사업자등록증이 나온 후 은행에서 별도로 개설하는 것도 좋다.
- 사업용 신용카드: 각종 구매물품 결제와 경비처리에 필요하며, 사업자등록증이 나온 후 사업자용 신용카드 또는 체크카드를 신청하여 사용할 수 있다. 이후 사업결산에서 경비 처리를 위하여 사용하는 것을 목적으로 한다.
- 사업용 휴대전화: 개인용과 구분되는 업무용 전화가 필요한 경우 유용하다. 사무실용은 인터넷전화(070으로 시작하는)보다는 일

반번호 전화(02 또는 031 등으로 시작하는)가 고객에게 신뢰감을 더 준다는 평가가 있다.

· 회계 소프트웨어 도입 : '더존'이나 '얼마예요' 등의 회계 관련 소프트웨어는 다양하게 있다. 특히 월 단위로 몇만 원의 사용료를 지불하는 서비스가 일반화되고 있다. 단, 관련 업무 전문가가 아니라면 회계 소프트웨어를 사용하는 것은 결코 쉽지 않다는 걸 유념하자.

이 중에서도 신용카드는 회사를 그만두면 만들기 힘들어지니 일찌감치 준비해두도록 하자.

정보를 내보내거나 홍보를 위해 필요한 사업 기반도 확인해야 한다.

· 홈페이지 : 블로그 기능이 있는 것을 추천
· SNS 계정 : 페이스북이나 트위터, 인스타그램 계정 키우기
· 정기 뉴스레터 : 독자 500명 이상

SNS 계정을 가지고만 있어서는 의미가 없다. 아직 상품에 관한 홍보는 하지 않더라도 아침저녁 30분씩 부업을 위한 업무를 보면서 조금씩이라도 글을 올려 계정을 키우는 일이 무엇보다 중요하다. 댓글을 달거나 하는 식으로라도 조금씩 계정을 운영하도록 하자.

계정을 키우는 과정은 실로 인내가 필요한 작업이지만 회사를 그

만두기 전부터 계정 운영을 착실히 해두면 나중에 반드시 큰 도움이
된다. 그러니 계획을 세워서 1~2년 정도는 성실하게 계정을 키워야
한다.

확인 포인트 ③ 확신과 자신감이 있는가?

리스크 관리를 확실히 하면서 실적을 쌓다 보면 자연스럽게 자신감
이 붙는다. 마음의 중심이 잡히지 않거나 드림 킬러들의 말에 자신감
이 흔들리는 상태라면 회사를 계속 다니는 편이 더 낫다. 어느 정도 마
음의 여유가 확보되면서 리스크에 유연하게 대처할 수 있기 때문이다.

마음의 중심이 흔들리지 않으려면 경제경영서나 자기계발서의 내
용을 너무 곧이곧대로 받아들이지 않는 태도도 중요하다. 책을 읽으
면서 마음가짐을 새롭게 하고 마치 본인이 성공한 듯한 기분을 느끼
는 건 좋지만 그건 결코 현실은 아니다.

사람들은 자칫 자신의 희망 사항에 따라 그에 걸맞은 달콤한 정보
만을 골라서 읽게 되는 경향이 있다. 하지만 회사를 그만둘만한 능력
을 갖추기 위해서는 쓴소리에도 귀를 기울이면서 실패와 성공 모두를
진지하게 바라보는 자세와 분석력이 필요하다.

그러니 매출이나 이익, 잠재 고객 현황 등 사업적인 수치를 항상 냉
정한 눈으로 확인하도록 하자.

확인 포인트 ④ 의논할 만한 멘토나 전문가 등의 인맥이 있는가?

창업을 하면 사업과 관련된 결단은 모두 사업자 본인이 내려야 한다. 회사를 다닐 때처럼 누군가가 지시를 내려줄 일도 없고 전체적인 분위기를 봐서 그럭저럭 결정되는 상황도 더 이상은 존재하지 않기 때문이다.

특히나 창업해서 1년 동안은 생전 알지 못했던 예상 밖의 일들이 비일비재로 일어난다. 그럴 때 조언을 해줄 창업 선배나 동료가 있으면 굉장히 마음 든든하다.

현재 운영하는 '창업 18 포럼'에도 이미 독립을 했음에도 계속해서 참가하는 창업가들이 상당히 많다. 그들을 보면서 창업한 동지들끼리 의논하거나 고민거리를 터놓고 이야기할 수 있는 장소와 시간이 필요하며 인맥 역시 중요하다는 사실을 새삼 깨닫게 된다.

만약 본업으로 경험하지 못했던 업계에서 창업을 생각하고 독립까지 바라본다면 가능한 그 업계에서 일하고 있는 사람이나 동업자가 될 만한 사람을 알아두도록 하자.

직접적으로 도움을 받지는 못하더라도 그들과 대화를 나누거나 관찰을 통해서 내가 세운 사업 계획대로 일이 풀릴지 혹시 어딘가 간과한 부분은 없는지 어떤 깨달음이나 힌트를 얻게 될 것이다.

또한 독립을 하면 기초적인 법률 지식도 필요해진다.

지금까지는 회사라는 울타리가 지켜주었지만 사업을 시작하면 사정은 달라진다. 클레임이 들어왔을 때 혼자서 책임지고 처리해야 함은 물론이고 갑자기 소송에 휘말릴 위험도 배제할 수 없다. 법률적인 분쟁은 상대의 의사에 의해 갑자기 들이닥치는 법이다.

그러니 독립의 가능성이 시야에 들어오기 시작하면 세무사나 변호사를 비롯한 전문가들과의 연계도 염두에 두도록 하자.

확인 포인트 ⑤ 앞으로 반년 동안의 매출 전망이 서 있는가?

지금까지 이 책을 읽어 온 독자라면 이제 도박을 하듯이 홧김에 회사를 그만 둘 위험은 없다고 생각한다.

퇴사는 회사를 그만둔 이후에 어떻게 될 것인가에 대한 6개월 정도의 예상치를 바탕으로 결정해야 한다. 적어도 반년 정도는 사업이 순조롭게 돌아가고 수입이 들어오겠다는 전망이 서야 독립을 실행할 수 있다. 조금 힘들겠지만 긍정적인 전망이 보일 때까지는 본업과 부업을 함께 하기 바란다.

꿈과 희망과 밝은 미래가 오리라는 믿음 하나로 이상을 추구하지만 꼭 예상대로 일이 흘러가지만은 않을 때도 있다. 잠재의식에는 무한한 힘이 있어서 진심으로 믿으면 무엇이든 자신이 원하는 대로 이루어진다는 이론을 어느 정도는 신뢰하지만 그렇다고 의식만 있다고 해서 돈이 실제로 수중에 들어오지는 않는다.

또한 '아직 유명하지 않으니까', '친구한테 돈을 받을 순 없지'라고 말하며 상품 가격을 내리다 보면 생활 자체가 불가능해질지도 모른다. 이런 계획성 없는 주먹구구식 사업은 실패할 가능성이 높고 결국 직장인의 신분으로 다시 돌아가는 경우를 상당히 많이 봐왔다.

그러니 매출의 예상과 동시에 반년 앞을 내다보는 지출 계획도 함께 확실히 세워 보자. 융자를 받을지, 보조금을 신청할지, 퇴직금이나 실업 급여를 받을지 퇴직 후의 환경은 사람마다 제각기 다르기 마련이다. 예상했던 범위를 벗어난 지출도 많아지는 시기이다 보니 어느 정도 여유를 두고 지출 계획을 세워야 한다. 마음에 여유가 생겨야 사업에 집중하기도 쉬워진다.

그리고 가능하면 처음에는 되도록 융자를 크게 받지 않는 선에서 사업을 시작해야 한다. 융자를 받으면 수중에 돈이 있다고 착각하며 불필요하게 돈을 써버리는 경향이 있다. 분수에 맞는 자금으로 건실하게 시작하는 자세가 무엇보다 중요하다.

박력도 꿈도 없고 평범하다 못해 소박한 사고방식이라 느껴질지도 모르겠다. 본인이 생각하던 창업과 너무 다르다거나 이런 식으로는 결코 사업이 성장할 리 없다고 생각하는 사람도 있을 법하다.

하지만 소규모로 사업을 꾸리는 데는 이 정도의 견고한 계획과 고지식한 사업 방식이 필요하다. 화려할 정도로 큰 규모에 목을 매거나 고집을 꺾지 않고 꿈만을 좇아 돈을 쓰다가 결국 폐업의 길로 들어선 수많은 사람들을 보면서 나름대로 내린 소심한 결론이기도 하다.

이런 소심한 창업은 가족이나 주변 사람들이 '그 정도면 반대할 이유가 없겠다'고 인정해주는 동시에 결코 쉽게 실패하지 않는다는 장점이 있다.

5가지 확인 포인트를 모두 통과했다면 이제 정말 회사를 그만둬도 괜찮은 단계가 되었다. 보통 이런 상태에 도달하기까지 짧게는 1년에서 1년 반 정도, 혹은 본업이 바쁜 사람이라면 아마 2년 이상의 기간이 걸릴지도 모른다.

책에서 소개한 과정을 잘 따라오고 있다면 현재는 매출이 조금씩 커가는 시점이 아닐까 싶다. 이익이 난 부분까지 착실하게 재투자하고 있을 테니 잠재 고객도 점점 늘어날 것으로 기대한다.

 창업 관련 정보 사이트

중소벤처기업부: https://www.mss.go.kr
정부정책 내용과 정책자금 안내
K-스타트업: 창업넷, https://www.k-startup.go.kr
대부분의 정부지원사업 정보 안내

전화 문의: 국번없이 1357, 월-금 9시부터 17시까지

창업 관련하여 궁금한 점부터 정책자금과 지원정책 등을 문의하고 정보를 얻을 수 있다.

상권분석: http://sg.sbiz.or.kr

상권분석, 경쟁분석, 입지분석, 수익분석 등 서비스 무료 제공

기업마당: http://www.bizinfo.go.kr

중소벤처기업 지원정보를 한곳에서 살펴볼 수 있다.

온라인 법인설립시스템: https://www.startbiz.go.kr

1인 법인 설립을 온라인에서 직접 간편하게 진행할 수 있는 지원 시스템

신사업창업사관학교: http://newbiz.sbiz.or.kr

국내외 다양한 신사업 아이디어를 발굴·보급하고 성장 가능성이 높은 유망 아이템 중심으로 예비창업자를 선발하여 이론교육, 점포 체험, 멘토링, 창업자금 등을 패키지로 지원

소상공인시장진흥공단: http://www.semas.or.kr

청년몰 지원사업 등 소상공인을 위한 지원 프로그램 운용

창업보육센터 네트워크시스템: http://www.bi.go.kr

전국적으로 설립되어 있는 261개의 창업보육센터 현황과 공실수 등 접수 가능 여부를 확인해 볼 수 있는 네트워크

칼럼

창업으로 인한 세금 처리는
어떻게?

우리나라에서 개인은 과세연도(일반적으로 매년 1월1일부터 12월 31일까지)에 얻은
이자, 배당, 사업, 근로, 연금, 기타소득금액을 합산해 다음 해 5월 31일까지
국세청에 신고하고 세금을 납부해야 하는데, 이를 '종합소득세 신고'라 한다.

한 개의 사업장에서 근무한 사람의 경우에는 근로소득만 발생하는 만큼 해당
사업장에서 익년도 2월에 연말정산을 완료하면 종합소득세신고를 별도로 하
지 않아도 된다. 하지만 2개 이상의 사업장에서 근로소득이 발생하거나, 근로
소득 이외에 다른 소득(사업소득 등)이 있을 경우에는 연말정산을 한 '근로소득
원천징수영수증'을 잘 보관하였다가 5월달에 다른 근로소득 또는 다른 종류
의 소득과 합산해 종합소득세 신고를 하면 된다. 이 종합소득세는 국세청 홈
텍스에 가입한 후 직접 신고할 수도 있다. 하지만 작성 방법이나 계산 등은
관련 업무 경험이 많지 않은 비전문가 입장에서는 어려울 수 있다. 또한 자칫
잘못 처리하면 더 복잡해지거나 큰 문제가 발생할 수 있는 만큼 주변 세무 전
문가 또는 전문대행사의 조력을 받는 방식을 권한다.

다시 정리하면, 한 개의 직장에 근무하는 직장인에게 사업 및 부업을 통해 다
른 근로소득이나 다른 사업소득이 발생했을 경우, 이 소득에 대한 세금은 현
재 다니고 있는 직장의 근로소득과 합산해 익년도 5월달에 종합소득세 신고

를 하면 된다. 그런데 근로소득이외의 다른 소득이 발생한 경우에는 수입금액의 수준에 따라 추계의 방식(단순율 또는 기준경비율)으로 간단히 신고를 할 수도 있고, 간편장부나 복식부기 장부를 작성해야 하는 경우에 해당할 수도 있다. 따라서 앞에서 언급한 것처럼 근로소득 이외에 다른 소득이 있을 경우에는 미리미리 주변 세무전문가의 조력을 받는 것이 세금을 절약할 수 있는 방법이 된다.

창업을 향한 첫발을 내딛자

'창업가와 월급쟁이 중에서 어느 쪽이든 선택할 수 있다면 무엇을 고를 것인가?'라는 질문으로 2013년도 OECD에서 조사한 결과에 따르면 일본인은 5명 중 1명 정도(22.8%)만 창업가를 선택한 데 비해 미국인은 2명 중 1명(50.9%) 꼴로 창업가를 선택했다는 결과가 나왔다.

많은 이들이 장래가 불투명한 직장인 신분에 불안을 느끼고 불합리한 조직에 불만을 품고 있으면서도 결국에는 월급쟁이가 낫다고 결론을 내린 셈이다.

하지만 회사에 40년 가까이 근무했을 때 얻게 되는 이점은 현실적으로 점점 줄어들고만 있다.

현재의 생활은 물론이고 노후 또한 지급되는 연금만으로 행복하게 생활하기 어려워지는 추세다. 결국 어떤 형태로든 수입원을 확보해서 미래에 대비해야 하니 현재의 미국처럼 창업을 선호하는 분위기가 앞으로는 좀 더 일반적인 흐름이 되지 않을까 싶다.

일본인이 창업에 대해 좋지 않은 이미지를 지닌 까닭은 책에서도 여러 번 언급한 '드림 킬러'의 영향이 크다고 생각한다.

"창업은 너무 위험해."

"창업은 어려운 일이야."

이런 말들에 창업은 고사하고 창업을 위한 준비나 연습마저도 단념하는 사람이 너무나도 많다.

일반적으로 창업은 회사를 그만두고 수백만에서 수천만 엔의 비용을 들여 성공을 운에 맡기는 일이라고 생각한다. 하지만 이런 창업 방식은 무모한 나머지 가족을 길거리에 내몰 위험마저 안고 있다.

창업 자체의 위험부담이 반드시 크지만도 않다. 줄이려고만 하면 리스크는 얼마든지 줄일 수 있다. 분수에 맞는 방식으로 창업을 하면 그만이다. 회사를 그만둘 필요도 전혀 없다.

부업으로 수익이 나면 그만큼을 다시 사업에 투자하면서 회사를 그만둘 수 있는 단계가 될 때까지 조금씩 사업을 키워 가면 된다.

창업 선진국인 미국에서도 많은 창업가들이 그들의 처음을 부업으로 시작하고 있으며 부업에서 얻은 수익으로 사업을 키워가며 여유를 갖고 회사에 사표 낼 시기를 타진한다.

그저 두렵다는 막연한 이미지 하나만으로 판단해서 자립을 원하는 마음속 깊은 바람을 잘라내는 것은 굉장히 아까운 일이다.

좋아하는 일을 바탕에 둔 채 누구에게도 빼앗길 리 없고 누구의 지시도 받지 않는 나만의 거처를 만드는 일이 얼마든지 가능하다.

이 책을 통해 그러한 방법 중에서도 가장 뼈대가 되는 요소를 소개하고자 노력했다. 사실 아직 알려주고 싶은 노하우가 가득하다. 창업 18 포럼에서 제공하는 무료 메일 강좌에서도 노하우의 일부를 볼 수 있으니 꼭 한번 둘러보면서 도움을 받기 바란다.

이 책을 통해서 여러분에게도 자립하고 싶다는 바람과 함께 진정한 꿈을 소중하게 여기는 마음이 자라나길 바란다. 그렇게 언젠가는 창업을 향한 작은 첫발을 내딛는 날이 오기를 설레는 마음으로 기대하려 한다.

마지막으로 집필의 기회를 주신 아스카 출판사의 히사마츠 담당자와 이 책을 읽어주신 모든 독자 여러분께 진심으로 감사의 마음을 전하고 싶다.

아라이 하지메